RETURN TO INVESTING COMMONSENSE
The Value of Strategic Thinking

回归投资常识

策略思考的价值

齐俊杰 申鸿飞 罗纪栋 ◎著

机械工业出版社
CHINA MACHINE PRESS

图书在版编目（CIP）数据

回归投资常识：策略思考的价值 / 齐俊杰，申鸿飞，罗纪栋著 . -- 北京：机械工业出版社，2024. 10（2025.1 重印）
ISBN 978-7-111-76770-1

Ⅰ. F830.59

中国国家版本馆 CIP 数据核字第 202423M098 号

机械工业出版社（北京市百万庄大街 22 号　邮政编码 100037）
策划编辑：朱　悦　　　　　　　　责任编辑：朱　悦　董一波
责任校对：甘慧彤　杨　霞　景　飞　责任印制：任维东
北京瑞禾彩色印刷有限公司印刷
2025 年 1 月第 1 版第 2 次印刷
170mm×230mm・19.25 印张・1 插页・172 千字
标准书号：ISBN 978-7-111-76770-1
定价：88.00 元

电话服务　　　　　　　　　　　网络服务
客服电话：010-88361066　　　　机 工 官 网：www.cmpbook.com
　　　　　010-88379833　　　　机 工 官 博：weibo.com/cmp1952
　　　　　010-68326294　　　　金 书 网：www.golden-book.com
封底无防伪标均为盗版　　　　　机工教育服务网：www.cmpedu.com

前　言

这十几年来，我们接触了无数投资者，发现无论专业的还是业余的，也无论机构还是散户，大家在投资当中就只有三个问题：一是买什么，二是什么时候买，三是怎么买。这三个问题就是投资策略的核心问题，而我们创作这本书的目的，就是为投资者解决这三大问题。

买什么，就是挑选标的，包括现金、债券、股票、商品四大类常见资产。什么时候买，就是择时问题，要通过宏观经济周期和产业周期选择合适的时间。至于怎么买，其实是什么时候买的一个重要补充，需要有效平衡胜率和赔率的关系，也就是我们常说的，有多大把握下多大注。

随着中国经济增速换挡,在未来市场当中,特大牛市可能会越来越少,取而代之的,会是越来越多的结构性牛市行情。也就是说,在某些阶段,可能只有一些风格或行业上涨,另外一些风格或行业则下跌。如果普通投资者没能踏准市场节奏,那么对他们来说,很可能意味着每年都是熊市。

比如,2013年,我们看到上证指数下跌,年初的时候,最高点达到2 444.80点,到了6月末就只有1 849点,跌幅接近25%,而同期的创业板指数从800多点,涨到了1 200多点,涨幅超过50%。又比如,2018年,股票市场几乎全面下跌,但是债券牛市却开始启动,2018年债券资产的平均收益高达8%。再比如,2021年以来的熊市,沪深300指数从5 900多点最低跌到了3 500点以下,跌幅超过40%,但同期的中证红利指数非但没跌,还略有上涨。

有的朋友可能会问,学习了策略之后,是不是就能够完全做好市场轮动了?答案要让大家失望了:并不能!因为每一次行情看似大体相同,但其实又存在着一些特殊性,你只要身在其中,就很难完全看清楚市场的逻辑。而且最重要的一点是,股市并非经济的晴雨表,而是投资者对经济预期的晴雨表。换言之,股市反映的并非经济本身,而是无数投资者对经济的预期。在人文科学中,有了人的主观因素,不可能用客观的指标去精准衡量。举个例子,牛顿三大定律属于自然科学范畴,在一定条件下是真理。但是贪婪和恐惧的均值回归属于人文科学，虽然这种现象在不断发生，但你却不知道贪婪和恐惧到底达到什么程度才会均值回归。换句话说，市场泡沫一定会破裂，但我们却不知道它什么时候破裂。

既然如此，我们研究策略和行业的目的是什么？其实答案就两个字：避坑！躲开那些明显的陷阱，减少不必要的失误。

投资其实就是一场"输家游戏"，并不是你能力有多强，就能从别人的口袋里"抢"走多少财富。我们要尽量少犯错误，等待别人犯错，让他们给我们"送钱"。在股市中，但凡想"抢钱"的，最终都会输得一塌糊涂。投资从来都遵循盈亏同源的底层逻辑，短期内靠运气赚到的超额收益，最终也会凭借实力输回去。

十几年前，最富有的阶层是"煤老板"，但是宏观周期逆转后，"煤老板"几乎全军覆没，破产欠下巨额债务的不计其数。后来，开发商、炒房团又发了大财，结果楼市周期也发生逆转，还给社会造成了不可估量的损失。普通投资者也是如此，在矿产和房地产高歌猛进的时候，大量投资非标信托获利颇丰，而如今也是血本无归。这些投资者可能至今也想不明白，投了那么多年一直收益良好的信托，为什么突然就巨额亏损了。这其实是因为外部环境发生了变化。资产的类别太多，宏观因素太过于复杂，即便学富五车，也不一定能在十几种资产中，挑选出表现最好的那一种，因为概率并不高。但是，通过了解周期变化和一些指标，至少我们能知道，哪些资产肯定不行。排除掉几个错误答案，还是相对简单得多的。

本书内容主要围绕策略与行业展开。

策略，就是组合投资的方法，主要解决"买什么、什么时候买、怎么买"的问题。我们会告诉大家股票、债券、商品期货等大类资产的轮动规律，也会告诉大家大小盘、成长和价值风格的轮动规律，大家不光需要知其然，更要知其所以然。比如，为什么2021年以来，红利策略表现好？有哪些因素导致红利策略占优？在信号明确，拿得准的时候，我们该如何行动？在市场迷茫，信号混乱，拿不准的时候，我们又该如何应对？本书也给大家介绍了全世界大型投资机构的一些策略逻辑。这些机构能够几十年长盛不衰，它们到底在使用什么方法投资。比如，桥水基金达利欧的全天候组合，到底指的是什么？我们认为最有效的，也是正在使用的三大策略又是什么？为什么说三大策略足以应对市场99%以上的变化？

在行业方面，我们会打破大家的现有认知，简化行业分析的逻辑框架，把最基础的驱动逻辑告诉大家，目的还是让大家尽量少踩坑。比如PPI（工业生产者出厂价格指数）和铜价都开始下行了，很多人还在投资强周期板块。经济进入调整期，传统能源价格下降，很多投资者还在追高估值的新能源板块，这些都是原则性的错误。也正是这些错误，让投资者损失惨重。虽然在三年熊市中赔钱是不可避免的，但是这些严重的错误却是可以避免的，只要少踩这些雷，你的损失就会大幅降低，从损失40%以上降到尽量让损失不超过15%，从而在下一轮牛市为自己创造良好的盈利基础。

每个行业都有相应的股价驱动因素，有些行业需要看估值，有些行业则不用看，甚至估值越高，涨得越快，估值越低，跌得越狠。比如，在某大型地产公司2018年的某次发布会上，总裁对投资者说，我们是价值股，市盈率只有4倍，这明显是大忽悠，要知道地产是典型的周期性行业，估值最低的时候，恰恰就是该离开的时候了。在那次发布会之后，该公司股价就到达顶点，从27港元跌到了0.2港元。如果你听信了他的价值股言论，那么就会赔得血本无归。所以，并不是什么行业都适合用市盈率去分析。不同行业有着不同的驱动因素，这些因素的逆转就是我们买卖的重要决策依据。

总之，学习投资的目的，并不是要让自己做得有多对，而是要让自己少犯低级错误，尽量在投资组合中，排除掉错误的选项，这样我们就会取得较高的回报。投资是一场马拉松，并不是百米冲刺，短期跑得快的人，后面反而会因为体力不支而掉队。合理分配仓位，尽量避免严重错误，做那个"每年60分，长期90分"的长跑型选手，在股市上涨的时候能跟上60%~70%的涨幅，在股市下跌的时候，只亏损不到平均跌幅的一半，一旦时间拉长，你就会发现收益并不低。例如，以我们的三大策略（红利策略、GARP策略、高景气策略）为基础的资产与风格轮动指数，即便不做轮动，只均配，通过回测数据发现，从2014年7月以来，也有近9%的年化回报，远高于中证全指的5%~6%，这就是策略所带来的优势（见下图）。

资产与风格轮动指数、沪深300指数、中证全指指数走势对比图

我们想通过本书，传递给大家正确的投资理念，守正出奇，配置优先，不赌方向，慢慢变富。耐得住寂寞，才能守得住繁华！

齐俊杰

目 录

前言

第一章 **你真的了解股市的游戏规则吗**   1
    自下而上和自上而下   5
    投资中的主要轮动策略   7

第二章 **大类资产轮动策略**   11
    大类资产的类别和特点   13
    对美林投资时钟的改良   20
    大类资产在一轮周期中的轮动规律   25

第三章 **世界主要策略**   35
    经典 60/40 组合   37
    哈利·布朗永久投资组合   40

达利欧全天候组合	46
全球市场投资组合	52
捐赠基金投资组合	54
世界主要策略对比	56

第四章 风格轮动策略　61

如何定义和划分风格	68
四大类风格的代表行业和指数	70
四大类风格的驱动逻辑	73
短周期下的风格轮动规律	78
影响成长和价值风格的因素	82
影响大盘和小盘风格的因素	91

第五章 红利策略、GARP策略和高景气策略　97

红利策略	99
GARP 策略	109
高景气策略	123
三大策略风格轮动规律	135

第六章 金融板块的投资逻辑　147

一轮周期下的行业轮动规律	148

	金融板块的分类	152
	银行业的投资逻辑	153
	保险行业的投资逻辑	160
	证券行业的投资逻辑	168
第七章	**消费板块的投资逻辑**	173
	消费板块的分类	175
	消费板块的投资逻辑	175
	消费板块和社零数据的关系	180
	白酒行业的格局和特点	182
	家电行业的格局和特点	188
第八章	**周期板块的投资逻辑**	194
	什么是周期板块	195
	周期板块的特征	197
	周期板块的投资逻辑	198
	有色金属行业的投资逻辑	207
	煤炭行业的投资逻辑	213
第九章	**科技板块的投资逻辑**	219
	科技板块的投资特点	220
	TMT行业的格局和特点	225

半导体行业的投资逻辑　　229

　　新能源行业的投资逻辑　　234

第十章　**左侧定投策略和右侧趋势追踪策略**　241

　　左侧交易和右侧交易　　242

　　左侧定投策略　　245

　　右侧趋势追踪策略　　259

　　左侧交易和右侧交易的结合　　267

第十一章　**另类策略**　　271

　　CTA策略　　273

　　市场中性策略　　282

　　宏观对冲策略　　287

| 第一章 |

你真的了解股市的游戏规则吗

一直以来，股市让绝大多数投资者又爱又恨。

爱，是因为股市在短期内确实有机会让我们收益暴涨，甚至让投资者产生"一夜暴富并不困难"的错觉。恨，则是因为股市经常在很长一段时间内毫无起色，甚至之前赚到的短期收益，也会随着时间的推移，最终被蚕食殆尽。长期下来，很多投资者发现自己的账户反而越亏越多。

这一切的根源，在于股市在短期内存在较大的波动，以及投资者对市场缺少常识上的认知和大方向上的理解。

事实上，全球任何一个主要国家，股票的长期收益率都是所有大类资产当中最高的，这一点没有争议（见图1-1）。大量的专业研究和统计数据证明了这个结论。其中比较有名的，是美国著名教授杰里米·J. 西格尔在《股市长线法宝》中得出的结论：放在一个长周期来看，经通货膨胀调整后，股票的真实年复合收益率大约是6.6%。回顾历史，一国的长期平均通胀率大约是3%，因此，如果把通胀率还原到真实收益率中，那么股票的长期名义平均收益率大体就是10%。

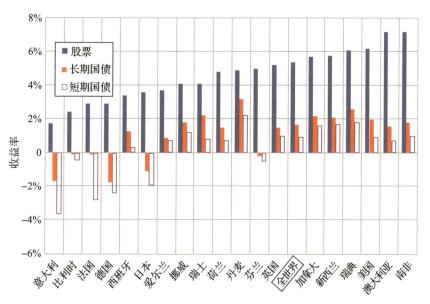

图1-1　股票、长期国债、与短期国债的实际收益率（1900～2012年）

资料来源：[美]西格尔，《股市长线法宝》。

A股其实也不例外。根据Wind的统计数据，上证指数从1990年设立到2023年6月的平均年化收益率是11%。专业机构更常关注的沪深300指数则从2005年发布到2023年6月取得了8%的平均年化收益率（见图1-2）。需要注意的是，这些指数收益中不包含分红收益。如果加上分红收益，沪深

300指数的长期平均年化收益率基本上在10%左右,这个收益率要远高于固定收益类理财产品。

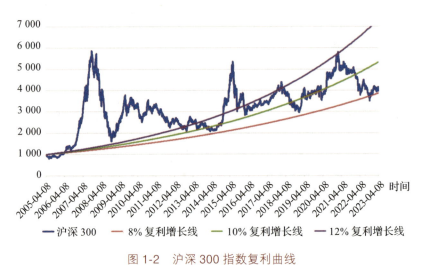

图1-2 沪深300指数复利曲线

资料来源:Wind.

在股市这个明显可以赚钱的领域中,为什么有大批投资者铩羽而归,亏损离场?原因就在于,股市那平均10%的年化收益率并不是每年都能实现的,而是经常呈现"3年不开张,开张吃3年"的波动性,只是长期平均下来的年化收益率是10%而已。比如,在过去30年中,上证指数的年涨幅真正接近10%的年份,只有2003年和2015年。沪深300指数在近20年的历程中,也只有2012年的涨幅接近10%。在其他年份,指数的涨跌幅度往往大幅偏离平均值。也就是说,虽然股市的长期平均年化收益率并不低,但是获得这个收益率的过程，却一点也不平坦。

股市就像一个钟摆，停留在中心点的时间其实很短暂。多数时间，波动才是股市的常态。正是因为有这种大幅度的波动，大多数投资者才很难在股市中赚到钱。

策略的意义，就在于能帮助我们理解股市的运行脉络。通过解决"买什么、什么时候买以及怎么买"的问题，策略能帮助我们在股市中避坑，赚取市场的平均收益，甚至获得超额收益。

自下而上和自上而下

策略投资主要分为两大研究方向：自下而上和自上而下。

自下而上的策略，一般涉及精选行业和个股，然后集中投资、淡化择时并长期持有。这种策略依靠企业不断增长的内在价值获取超额收益。采用这种策略，投资者必须对投资标的了然于胸，并真正清楚企业的内在价值。否则，哪来的信心长期持有呢？再伟大的企业，也不可能一直线性上涨。即便是超级大牛股，其价格走势也不会一帆风顺。股价的反复波动，其实就是对投资者认知能力的最大考验。

自下而上的策略非常考验投资者的调研能力。"股神"巴菲特和众多基金经理用的都是这种投资策略。巴菲特在投资一家公司时，通常会通过购买股权进入董事会，因此他对企业的经营情况自然了如指掌。基金经理背后往往也有强大的投研团队给予支持，所以他们有底气选择自下而上的策略，或者说他们的能力正聚焦于此。

不过我们认为，大多数普通投资者其实并不适合采用自下而上的策略，毕竟，在调研能力方面，普通投资者和专业机构差距太大。许多普通投资者总以为看两眼财报，就把个股调研完了，就胸有成竹了，这其实是在市场上涨的环境下产生的盲目自信心理，但凡市场趋势逆转，连续大跌几天，他们的心理防线可能就彻底崩塌了。原本计划的长期持有，立马被抛诸脑后，心里想的都是割肉离场。所以，我们认为，对普通投资者来说，自上而下的策略可能更合适。

自上而下的策略可以通过分散投资标的、运用指数基金或主动基金等工具，来构建我们的资产组合，从而规避自己对于个股研究的不足。然后通过分析宏观环境，判断大的周期走势，适当择时，力争获得超越市场的收益。

更有能力的投资者，还可以在大类资产的层面上，继续深入到市场风格或者行业板块层面。也就是说，大类资产中的股票可以被进一步拆分，比如分为成长、价值风格，大、小盘风格，三大策略风格，或者分为金融、消费、成长、周期等几大行业板块。在这些细分风格或者行业板块中，投资者可以根据产业趋势、政策扶持方向以及周期的运转情况，做适当的布局，从而取得更高的收益。当然了，投资越深入，难度也就越大。

投资中的主要轮动策略

大类资产轮动，简单来说，就是债券、股票、大宗商品，以及现金资产之间的交替表现。

在经济增速放缓期，债券先走牛。到了经济复苏期，股票市场进入牛市。股票市场走牛之后，随着经济过热，大宗商品开始火爆。等大宗商品行情结束后，经济可能走向滞胀期，或者重新回到增速放缓期，此时我们应转向现金资产或者回到债券市场进行防守。这就是典型的大类资产轮动规律，也被称为美林投资时钟。

当然，每一次周期的运行都不太可能完全相同，毕竟影响宏观经济的因素确实非常多。周期在运转过程中，有时会遇到"倒春寒"，或者出现周期断裂的情况。所以，我们还应结合当下的市场情况进行具体分析。但整体来说，大类资产轮动应该是所有轮动规律中相对最简单，也最容易赚钱的策略。

风格轮动，主要说的就是股票中的大小盘轮动、成长价值轮动，以及三大策略的轮动。

市场风格如同春夏秋冬四季更迭，不是成长风格占优，就是价值风格占优。风格周期的产生与宏观经济、企业业绩、政策扶持方向，以及投资者信心都有关系。当经济状况良好、企业业绩优异、政策支持新兴产业的时候，投资者信心更足，往往更倾向于成长风格。而当经济状况不佳、企业业绩不好的时候，或者当政策开始大力扶持传统经济时，投资者更倾向于确定性更高的价值风格。

做风格轮动的好处，就是可以大大提高资金效率。尽管可能抓不到最热门的板块，但资金始终处于强势的一方。如果你能把风格做对，其实就能打败80%的基金经理了，也完全能够超越市场平均水平，获取超额收益。如果股市的平均年化收益率是10%，通过风格轮动，你至少可以取得12%～15%的年化收益率。

行业板块轮动是投资领域中的顶级难度操作，普通投资者很难做好。即便是专业的机构投资者，通常也只会在金融、消费、成长、周期这四大类行业板块中尝试把握轮动关系。

比如，在熊市中投资金融板块，以获取股息并抵御风险；在牛市中投资消费和成长板块，抓住经济复苏的逻辑；在牛市末尾投资周期板块，享受强周期带来的红利；等周期行业表现完了，基本也到了一轮行情的尾声，此时，我们再回到金融或公用事业板块进行防守。不过，这只是理论上的行业板块轮动规律，并不是每次行情都会表现得一模一样，所以要想做好行业板块轮动是非常困难的。每个行业板块都有自身的驱动逻辑，投资者必须对其有极强的把控力，并深入了解行业板块的生意模式和驱动逻辑。

因此，大家应该也能看出来，这几种轮动策略的难度是不一样的。

最简单的是大类资产轮动，把经济周期的大致阶段定位正确后，主要就是在股、债、大宗商品之间做选择。甚至在多数情况下，只进行股债配置，就能解决问题了。把大类资产配置做好，长期下来实现 10% 的平均年化收益率，问题是不大的。风格轮动，是在大类资产轮动的基础上，把里面的股票进行进一步拆分，比如在成长和价值风格之间进一步做选择。如果风格把握对了，那么相当于在大类资产轮动的基础上，又增加了组合配置的进攻性，可以获得比市场平均水平更高的收益。当然，这对投资者的要求也更高。行业板块轮动的难度更大，它要求将股票拆分得更加细致，更加考验投资者对宏观周期的把控力以及对各个行业板块驱动逻辑的理解。

我们见过的最优秀的基金经理，能够把大类资产轮动和风格轮动做得很好，年化收益率可以达到 15%~20%，但至今我们还没见过一个可以把行业轮动做明白的基金经理。

作为普通投资者，我们也建议大家，先做好资产轮动，用大类资产配置打底，然后可以尝试风格轮动，这样最终的投资收益通常会很可观。而当某些行业板块出现明显的高胜算投资机会的时候，我们也可以再拿出小部分资金进行适当布局，多赚一些"外快"。其实这对于普通投资者来说，就是最正确的投资方式了。

所以，做投资最重要的就是清楚自己的能力圈在哪儿，找对自己的位置，用自己最能驾驭的方法去投资这样才能赚到钱。总想抓个股、追涨停板、赚快钱，在波动巨大的市场中频繁操作，最后很容易成为股市中的"散财童子"。

| 第二章 |

大类资产轮动策略

我们认为，对于普通投资者来说，资产配置才是投资领域的王道策略。其实不只是普通投资者，很多专业机构和富裕阶层也是通过资产配置战胜市场，实现财富的保值和增值的，而并非大家所想的依靠预测市场和精准择时获取超额收益。实际上，在预测行情和股价方面，相比于散户投资者，专业机构并没有什么明显优势。

所谓资产配置，就是构建一个组合，让大类资产之间通力合作，产生轮动上涨效果，达到平滑波动的目的。资产配置的最大好处，就在于其稳健性、高胜率和较高的容错率。即使你在某一阶段判断失误，也不会影响大局，不至于产生"伤筋动骨"的损失。长期来看，资产配置依旧能让你持续稳健地获得财富增长。

一般来说，普通的大类资产配置，可以帮助我们跟上大趋势，获得市场的贝塔收益[一]。而我们的习惯做法是在普通资产配置的基础上加入一定的择时策略。也就是说，只有在非常有把握的时候，我们才会调整投资组合的配置比例，以争取获得超越市场的阿尔法收益，而在其余的大多数时间里，投资组合的配置比例则基本保持不动。

这种方法能够保证我们在不被市场打败的基础上，偶尔赚点"外快"。长期下来，我们能获取比基础资产配置更高的收益。这需要投资者具备一定的投资技能，能够通过宏观分析判断市场所处的周期位置，了解市场估值水平，并识别出市场的极端时刻。这个要求其实还是挺高的，投资者稍不留神，就有可能陷入频繁择时的陷阱。结果就是操作越多，错得越多，反而大大降低了资产配置的效率。

大类资产的类别和特点

要想做好部分择时的资产配置，就要先了解大类资产的特点。

资产配置其实就如同足球队的排兵布阵。股票、债券、大宗商品、现金资产，这些都是你的队员，你需要先了解每个队

[一] 所谓贝塔（β）收益，指的就是可归因于市场整体的收益，即市场收益。贝塔是用来衡量系统性风险、大盘指数的波动幅度的。

员的天赋和才能。最厉害的球队也不可能全部由进攻球员组成，没人防守照样赢不了比赛。所以，攻守兼备的阵型最为重要。遇到弱队，采取进攻阵型，遇到强队，就切换为防守阵型。我们在资产配置中面对的"对手"，其实就是不同的经济周期。在每个周期中往往会有一类优势资产表现相对出色，同时也会有另外几种资产表现相对劣势。

在日常生活中，大家可能会把房子、车子、珠宝、手表、股票、存款、理财产品等视为资产。但是如果站在投资的角度来看，优质的资产必须能够不断地为你带来现金流收入。这好比拥有一只能够下金蛋的鹅，它能够源源不断地为你产出金蛋，让钱不断流入你的口袋中，而不是从你的口袋中流出。

如果用这个标准来衡量，显然车子不是优质资产，买来之后不仅贬值飞快，你还得往里面搭很多钱，比如保险费、燃油费、停车费、维修费等。以此类推，珠宝、首饰、手表也同样不是好资产，它们都没有产生现金流的能力，而且流动性也很差，最后未必能卖掉。所以，站在资产配置的角度，我们能够用到的资产也就是股票、债券、大宗商品、房地产、还有现金资产，这些是比较务实的大类资产。

股票是大家最常见的资产，很多人都炒股，但其实不少人还不清楚股票的本质是什么。股票的本质，简单来说，就是上市公司的所有权、决策权和收益权。对普通投资者来说，我们通常只拥有收益权。这就像我们花钱雇别人来给我们干活，然后分享他们赚到的收入。如果他们干得好，身价大涨，别人愿意出更高的价格把他们雇走，我们就能顺手赚取差价。因此，股票价格之所以会涨，最根本的还是在于上市公司的生意能赚钱，而且赚钱能力能不断增强。也就是说，为我们工作的人，要干得越来越好，而不是徒有其表。所以，只要科技不断进步，经济滚滚向前，上市公司利润不断增长，央行货币供应不断增加，那么，股票价格最后也一定是随着经济增长螺旋式上涨的。

长期来看，股票的回报率是所有大类资产当中最高的，没有之一。这可能跟大家的感受有很大的不同。但根据美国西格尔教授做的统计，在一个长周期范围内，经通货膨胀率调整后，股票的真实年复合平均收益率大约是6.6%，如果把通胀率还原到真实收益率中，那么股票的长期名义平均收益率大体就是10%，要远高于债券和大宗商品类资产。

股票的最大特点，就是时间越长，回报越稳定。我们未来收益的80%都将依赖股票，这也是我们研究的主要对象。当然，这里我们说的是股票指数，个股肯定要另当别论。不过也有人会说："我怎么可能持有股票数十年？"这也是我们后面的策略要解决的问题，策略会告诉大家应该什么时候买股票，什么时候买债券。

虽然股票长期收益率很高，但其最大的问题就在于短期波动性很大。因为影响股价的因素实在太多了，有宏观层面的、行业层面的、公司基本面的、政策方面的，以及投资者情绪心理变化层面的。如果你总想依靠预测短期市场走势，通过波段操作赚取超额收益，那么你最终很容易成为市场中的"散财童子"。这也是为什么股市中永远有七成投资者赔钱，两成不赔不赚，而真正能赚到钱的一成，都是极其有耐心的人。

股票可以细分为很多类型，比如可分为中国股票、美国股票；又可分为发达国家股票、新兴市场股票等。再细分的话，还包括大盘股、小盘股、成长股、价值股等。

债券的类别比股票更为广泛，包括国债、央行票据、金融债、企业债、中期票据、可转债等。如果按照持有期划分，还可以分为短债（3年以内）、中债（3~5年）、长债（5年以上）。

国债，是债券中最稳定、最安全，但收益率相对较低的资产。国债几乎可以被视为无风险产品，当然也有个别"老赖"国家，曾出现欠钱不还的情况。一旦国家信用出问题，国债利率就会攀升得非常高，因为大家需要更多的利息作为风险补偿。

比国债收益率稍高的是金融债，也就是金融机构发行的债券。比如，政策性银行发行的国开债、农发债、进出债，以及商业银行发行的债券。这类债券基本没有违约风险，相对安全，但同样收益率不会很高。

比金融债收益率更高的债券是企业债。但高收益率也是有代价的，那就是企业债存在违约风险。一般来说，资质越差的企业，债券收益率越高。这额外的收益率，就是对信用风险的补偿。但如果企业债发生违约，投资者很可能会血本无归。所以，机构投资者在投资债券时，通常会采取分散策略，即便单只债券爆雷，也不会影响大局。有时，债券组合形成稳定利差后，机构投资者还会通过加杠杆的方式放大收益。因此，个人投资者要想购买债券，最好还是借助机构的力量，通过债券基金进行配置。这样一方面可以分散风险，另一方面可以借助机构加的杠杆多赚利差。

还有一种比较特殊的债券，叫可转债。可转债本质上是一种低息债，而且在特定条件下，可以转换成公司的股票。所以，可转债其实具有了债权和股权的双重特性，被视为"进可攻，退可守"的投资工具，类似于带有保底的股票。当然，可转债的波动性也比普通债券更大。

整体来说，债券在资产配置中更多充当的是压舱石的角色，属于后备队，主要用来平抑股票的波动。一旦股市大跌，债券基本可以对冲一定的损失，同时还能让你有后手随时逢低补仓。

大宗商品主要分为四大类：工业金属、贵金属、能源品和农产品。工业金属包括铜、铝、锌、锡等。贵金属主要是黄金和白银。能源品主要包括原油、天然气、煤炭等。农产品包括玉米、大豆、小麦、白糖、棉花、猪肉等，这些大多用于期货交易，主要是给实体企业做对冲。比如做肉食加工的商家，担心猪肉价格上涨，那么就可以做多猪肉期货。如果未来猪肉价格涨了，虽然商家在生意上有损失，但在期货上可以赚钱，相当于对冲了损失。这样商家的生意就会稳定很多，不至于总是陷于波动中。

大宗商品的走势与全球经济周期密切相关。当全球经济开始升温，通胀逐渐上升的时候，大宗商品通常会有很好的表现。不过，不同国家，经济周期偶尔也会出现不同步的情况。一般来说，商品中的工业金属的走势，与全球经济周期更为相关，而能源品（比如石油）的走势，则与美国经济周期息息相关。

大宗商品最大的特点，就是具有明显的周期波动性。因此，长期投资大宗商品的效率很低，可能就是在无尽地"坐过山车"。由于大宗商品和股票的相关性比较低，跟债券的相关性甚至是负数，所以大宗商品在资产配置中的作用，更多是分散风险，尤其在股债双杀○的时候，可以帮我们平抑组合波动，我们并不能指望它赚大钱。

现金资产，一般包括活期存款、定期存款、大额存单、货币基金、短债基金等，并不指纯现金。现金资产最大的特点就是风险低、流动性强、便于支取，但是现金资产是所有资产中收益率最低的。所以，现金资产尽量不要过多持有，能应急就行了。长期来看，现金资产的收益率通常跑不赢通胀率，在股债双杀，大宗商品见顶之后，实在没什么可投的资产了，我们才会短暂地持有现金。

房地产是中国老百姓最熟悉的资产类型，中国人可能70%的财富都在房地产上。虽然我们一直不看好房地产，但不可否认，房地产也是重要的可配置资产，或者说，我们不看好的是目前阶段国内的房地产。虽然目前不少地区房价大跌，但其实房价依旧不便宜。如果房价能跌到租售比（年租金/房价）高于3%，可能买房会比租房更合适。

房地产有很多配置方式，大体可以分为三类：住宅、商用地产以及房地产信托（REITs）。住宅主要用来升值和出租。商用地产更多用于出租，以获取现金流。REITs则是一种更先进的投资工具，它的交易更加灵活，门槛低，变现也更方便，相当于大家凑钱买房，然后出租，以获得租金收入。

○ 股债双杀通常用于形容股票市场和债券市场同时下跌的情况。

REITs 相比债券来说，收益率是浮动的，也就是说，REITs 能够抵御通货膨胀的影响，而且绝对收益率也并不低。不过由于我国的房地产目前高估比较严重，租金回报率普遍在 2% 以下，所以国内 REITs 很难发展起来。目前，国内 REITs 的发展还处于试点阶段，主要集中在基础设施方面。

除此之外，还有一些**另类资产**，比如私募股权、风险投资、外汇、艺术品等。这些就不属于主流资产了，一般大家接触得也比较少。像私募股权、风险投资很难被标准化，可能赚大钱，也可能赔大钱。外汇虽然交易量大，但不具备升值属性，风险也不低。至于艺术品，当成爱好还行，当作投资品，流动性太差了。因为出售的时候，不见得能找到买家，即使你手里有一块"传国玉玺"，如果无人问津，那么在别人眼里它也只是板砖一块。

在实践中，对绝大多数朋友来说，实际上只需关注股票、债券、大宗商品和现金资产就足够了。至于房地产，现在国内并不是配置的好时机。而且房地产的资产属性，主要在于收租金产生现金流的，并不是大家所认知的靠房价上涨去赚钱。

对美林投资时钟的改良

在投资实践中，股票、债券、大宗商品和现金资产，这四类常用的大类资产，其实存在明显的周期轮动规律。

2004年，知名投行美林证券提出了大名鼎鼎的美林投资时钟（见图2-1）。该理论基于经济强弱和通胀高低，构建了经济周期的不同阶段，对应四大类资产的表现周期。简单来说就是：经济弱、通胀低，对应经济**衰退期**，债券表现最好；经济强、通胀低，对应经济**复苏期**，股票表现最好；经济强，通胀高，对应经济**过热期**，大宗商品表现最好；经济弱、通胀高对应经济**滞胀期**，现金资产表现最好。由于该理论简单易懂，因此广为流传，并成为世界范围内资产配置领域的经典模型。

图 2-1　美林投资时钟

不过，美林投资时钟在我国的有效性却遭到了不少专业机构的质疑。原因在于，美林投资时钟是根据经济和通胀两个指标刻画不同的周期阶段的。但是，代表国内经济状况的 GDP（国内生产总值）和代表国内通胀水平的 CPI（居民消费价格指数），它们对国内经济和物价的刻画其实并不清晰。

除此之外，在中国的市场中，美林投资时钟的应用还应关注另一个重要的因素，就是政策。美林投资时钟只考虑了经济和通胀两个维度，不过我们的市场受到政策的影响也很大，尤其是流动性这个变量。因此，如果我们想继续使用美林投资时钟的话，就需要对它进行改良。

首先，GDP 这个指标可以调整为跟经济波动更为同步的工业企业利润增速，或者工业增加值（见图 2-2），抑或 PMI（采购经理指数）。

图 2-2　中国工业增加值和工业企业利润同比

数据来源：Wind.

其次，CPI 可以用 PPI 替代（见图 2-3），相比于反映下游产成品价格、受猪肉或其他食品价格的影响较大的 CPI，PPI 主要反映上游原材料价格，相对来说，对经济周期的敏感度更高。

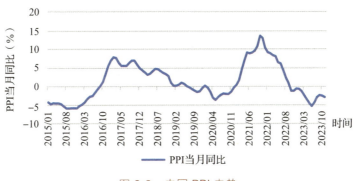

图 2-3 中国 PPI 走势

数据来源：Wind.

不过 PPI 也有一个问题，就是里面的部分大宗商品价格会受国际经济周期的影响。当国内和国际经济周期不同步的时候，PPI 可能会受到一定的干扰。因此，在大宗商品的配置时机上，我们不仅要考虑国内周期，还要关注海外周期，尤其是美国经济周期，可以通过 CRB 指数（商品研究局期货价格指数）来观察。

最后，我们还要考虑国内政策的影响，所以要叠加信贷周期指标。信贷是央行通过释放或收缩市场流动性来调节经济的重要手段。比如，央行释放流动性分为两个阶段。第一阶段是货币宽松，指的是央行把钱注入商业银行体系的过程，相当于资金的批发；第二阶段是信用宽松，指的是商业银行把钱顺利发放到实体经济的过程，相当于资金的零售。在资金批发的过程中，市场利率通常处于下行趋势，而在资金零售的过程中，社会融资规模和中长期贷款指标往往会开始抬升。

改良之后，仅用二维空间解释的美林投资时钟，就变成了用政策、经济、通胀三维空间进行刻画的投资时钟。在每一轮经济周期的运转过程中，政策、经济、通胀这三大类指标通常都会存在一个明显的先后变化顺序，它们分别是经济的领先、同步以及滞后指标。

在经济低谷期，政策宽松通常先行，带来流动性的增加，然后经济增速回升，基本面转好，最后价格上涨，通胀指标走高。反过来也一样，当经济周期来到高峰后，肯定是政策率先紧缩，回收流动性，然后经济增速下滑，基本面恶化，最后价格下跌，通胀指标走低。

我们恰好可以通过这三大类指标分别出现拐点的位置，把一轮周期划分为六个阶段。这相当于在美林投资时钟四阶段的基础上，对周期做了更细致的刻画。

大类资产在一轮周期中的轮动规律

阶段 1，三大类指标都处于下行状态，代表政策（先行指标）偏紧、经济（同步指标）下行、通胀（滞后指标）高位回落，这是**经济增速放缓初期**的特征（见图 2-4）。

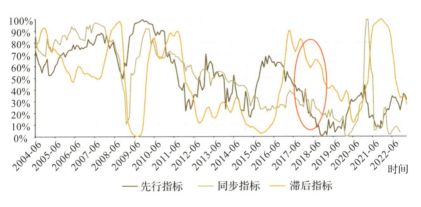

图 2-4　经济增速放缓初期三大类指标运行走势

资料来源：德邦研究所。

央行刚刚收紧流动性，正在静观其变，经济增速放缓，通胀也从高位回落。股票和大宗商品在这个阶段通常处于熊市。由于市场资金需求走弱，代表资金价格的十年期国债收益率也会从高位下行。和十年期国债收益率呈负相关的债券在这个阶段就会开始步入牛市。2018 年上半年，市场就处于这样的阶段。

阶段 2，政策开始放宽（先行指标抬头），经济和通胀（同步指标和滞后指标）依然下行，这一阶段基本对应的就是**经济增速放缓后期**（见图 2-5）。

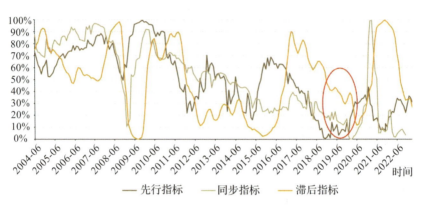

图 2-5　经济增速放缓后期三大类指标运行走势

资料来源：德邦研究所。

央行看到经济下行压力越来越大，通胀回落得差不多了，就会开启逆周期调节，实施货币宽松，以对冲经济下行风险。一般来说，央行的政策意图也非常容易判断，它基本上会明确告诉大家，比如降准、降息、逆回购、MLF（中期借贷便利）操作等，以及一些重要会议上的积极喊话。这些维稳信号的集中发布，往往标志着政策底的形成，市场流动性逐渐宽松，领先指标抬头向上。

不过，此时市场信心还比较薄弱，大家普遍不太相信经济能够复苏，预期仍旧比较悲观，市场需求也依然不足。央行单方面的流动性注入，导致大量资金囤积在商业银行体系内。一方面，资金需求不足，另一方面，资金供给增加，这时，代表资金价格的十年期国债收益率会加速下行，进而推动债券进入强牛市。

在这个阶段，虽然经济指标还没企稳回升，股市大概率还处于筑底阶段，但是因为政策开始宽松，流动性预期迎来改善，股市在这个阶段可能会先迎来一波估值修复行情，我们称之为牛市的一级火箭，即由政策驱动的行情。由于此时经济还没有完全好转，企业缺乏业绩支撑，这种行情通常不会持续太久。

2018年年末到2020年3月，市场就处于阶段2。2019年一季度的市场行情就是政策驱动的第一波估值修复行情。这个阶段的股票价格处于比较便宜的位置，但我们也很难预测，这个阶段行情什么时候会启动。如果不想错过第一波股市上涨，可以在这个阶段，看到政策明确宽松，领先指标抬头向上之后，通过分批买入或者定投的方式逐步布局。

阶段3，政策保持宽松（先行指标向上），经济（同步指标）开始转好，通胀（滞后指标）下行触底，这个阶段对应的就是**经济复苏初期**（见图2-6）。

随着央行不断释放流动性，资金风险偏好开始提升，之前囤积在商业银行的钱，也逐渐流入实体经济。企业盈利指标开始改善，通胀也降到了低位。在这个阶段，股票会开始进入最佳表现期，这也被称为牛市行情的二级火箭，即由业绩驱动的行情。

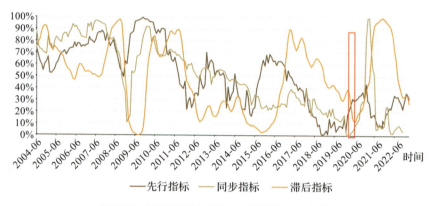

图 2-6　经济复苏初期三大类指标运行走势

资料来源：德邦研究所。

由于经济环境转暖，资金需求回升，十年期国债收益率在这个阶段也会逐渐触底反弹，债券就会从牛市逐渐转为中性，大宗商品大概率也会在这个阶段触底。比如，2020 年 3 月之后，市场步入阶段 3，这刚好是一波主升浪行情的起点。

阶段 4，三大类指标同时向上，这就来到了**经济复苏后期**（见图 2-7）。

通胀指标 PPI 开始回升，说明大家信心越来越强，消费和生产活动步入正轨。企业看到了赚钱效应，开始采购原材料，推动物价上涨。政策在这个阶段，基本也会松掉油门，随时观察通胀走势，准备"点脚刹车"了。随着资金需求的回升和货币供给的减少，十年期国债收益率会开启明确的上升趋势。债券在这个阶段会正式进入熊市，股票依然处于最佳表现期。随着通胀指标触底回升，大宗商品在这个阶段也会开始回暖。比如，2020年6月到2021年年初，就是阶段4的位置，股市处于主升浪行情当中。

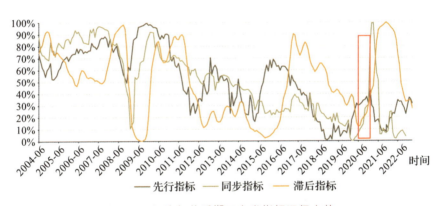

图 2-7　经济复苏后期三大类指标运行走势

资料来源：德邦研究所。

阶段 5，政策开始收紧（先行指标掉头向下），经济和通胀（同步指标和滞后指标）继续保持向上（见图 2-8），这就来到了**经济过热期**。

在这个阶段，各项经济数据基本处于全速上升状态，但也到了一轮上升周期的尾声。不过，此时大家都还没有意识到这一点，由于情绪的惯性，企业甚至会觉得赚钱越来越容易，从而开始抢购原材料、囤积物资,进而导致PPI快速抬升,通胀指标高企。央行看到经济过热和通胀威胁,便不再实施宽松政策,而是开始考虑回收流动性,以抑制通胀,给经济降温。

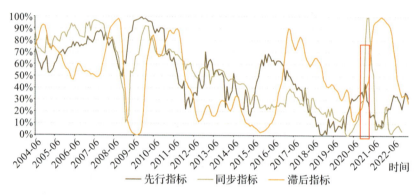

图2-8 经济过热期三大类指标运行走势

资料来源:德邦研究所。

此时,一方面资金需求还很旺盛,另一方面央行减少货币供给,这两股力量将推动十年期国债收益率加速上行,所以,债券在这个阶段就会进入强熊市。股票基本也来到了一轮行情的尾声,此时反而是投资者情绪最亢奋的时候,储蓄搬家、散户疯狂进场通常都出现在这个阶段,这个阶段也被称为一轮牛市的第三级火箭,即由情绪驱动的行情。聪明的投资者其实应该意识到,这个阶段反而要减仓做防守了。

由于通胀指标大涨,PPI大幅拉升,这个阶段表现最好的资产就是大宗商品,资源类、强周期性的股票,也会有不错的表现。比如，2021年年初，就进入了阶段5的位置。股市开始演绎最后一段疯狂行情。

阶段6，政策继续收紧（先行指标向下），经济（同步指标）开始掉头向下，通胀（滞后指标）拉升到高位，基本对应的就是**经济滞胀期**（见图2-9）。

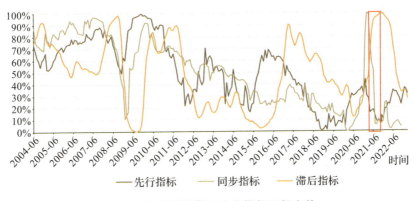

图2-9　经济滞胀期三大类指标运行走势

资料来源：德邦研究所。

在阶段6，由于基本面环境恶化，股票通常开始步入熊市周期。不过一些高成长性的科技类股票，由于在周期顶峰且市场预期强烈，能够讲述"科幻故事"，可能还会在这个阶段演绎最后的疯狂。但这种行情通常非常脆弱，随时都有可能掉头向下。

大宗商品和资源类股票，原则上也会在这个阶段触顶。按道理来说，在这个周期位置，我们应该用现金资产或短期债券进行防守。不过，正如此前我们提到的，大宗商品并不完全由国内定价。所以，这时候我们还要关注美国的周期状况。比如，2021年下半年，就呈现阶段6的特征，但是由于当时美国周期比较强劲，大宗商品依旧保持价格优势。

当通胀指标开始高位回落，三大类指标同时向下时，市场就又回到了阶段1。债券会率先开启新一轮牛市。这就是一轮周期的完整运行逻辑，以及大类资产轮动的表现规律。

最后，我们给大家总结梳理一下，把一轮周期中各个阶段的三大类指标情况，以及对应的资产表现都列了出来，绘制成表格（见表2-1）。可以看出，规律还是非常明显的。大类资产的表现几乎是按照先债券，再股票，最后大宗商品的顺序进行演绎的。当政策开始放宽时，债券率先进入牛市，然后经济迎来好转，股票开始占优，最后通胀上行，大宗商品接力股票，成为最后表现最佳的资产。

表2-1 一轮周期中三大类指标变化对应资产表现情况

	阶段1 增速放缓前	阶段2 增速放缓后	阶段3 复苏初	阶段4 复苏后	阶段5 过热	阶段6 滞胀
政策	偏紧	宽松	宽松	中性	收紧	收紧
经济	下行	下行	上行	上行	上行	下行
通胀	下行	下行	触底	上行	上行	触顶
占优资产	债券	债券、股票一级火箭	股票二级火箭	股票二级火箭、大宗商品	大宗商品、股票三级火箭	大宗商品、资源类股票、现金

当然了，这只是一轮周期的理想运行情况。实际上，影响

周期的因素非常多,每一轮周期并不一定严格按照阶段 1 到阶段 6 的顺序完美演绎。很有可能因为某些事件的冲击,周期倒退或者无法连续演绎。换句话说,周期可以作为我们投资中的导航仪,给我们指引大方向,但它并不能告诉我们,前方是不是有"小水坑",会不会有"黑天鹅"突然窜出来。

比如,在下面这张图中(见图 2-10)我们可以看到,2021 年之后,我们其实并没有经历阶段 1,在 2022 年年初,几乎直接跳到了阶段 3 的位置,政策和经济指标已经抬头,预示着股票即将迎来表现周期。但没想到俄乌冲突以及国内疫情暴发,这些"黑天鹅"事件突然出现,把我们的周期又撞回阶段 2 的位置,也就是回到了经济增速放缓期,股市因此再度遇冷。

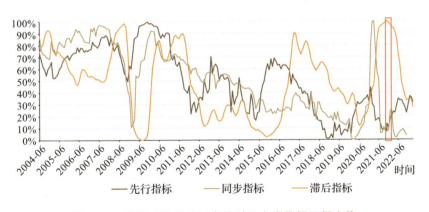

图 2-10　遭遇"黑天鹅"事件时三大类指标运行走势

资料来源:德邦研究所。

总的来说,周期对于我们投资的指导意义,还是非常显著的。它就好比春夏秋冬对于农民的意义，大家都知道春种秋收的道理。春天和秋天，可能同样都是15度，同样面临某天降温的情况，但是农民却敢于在春天继续播种，而在秋天则要忙着收获。这是因为季节感已经刻在了他们的骨子里。在投资中，当你学会了定位周期后，其实也就没有什么可慌的了，有了春夏秋冬的季节感，即便短期降温，遇到"倒春寒"，但你知道，"倒春寒"只会让周期延后，而不会改变整体方向，我们甚至可以利用这个机会，多撒一些"种子"。

大类资产的配置思路，其实就是在不同资产之间，根据时机进行播种和收割。比如，当市场明显出现了阶段2或阶段3的特征时，就是在告诉我们，现在到了该播种的季节。这个阶段的股票处于一个相对便宜的位置，即便后面遭遇了小概率事件冲击，导致周期倒退，我们也知道，周期早晚会回归。只要买得便宜，其实只存在短期价格波动的风险，而不会有长期绝对损失的风险。而当市场已经明显进入阶段5或阶段6的时候，我们就要秋收躲避寒冬了，此时不应该再猛冲猛打，而是应该考虑如何降低股票仓位，用现金或债券进行防守。

我们总说，识别周期才能顺势而为，有些事情注定会发生，只是时间不确定。懂周期，起码让我们知道当前处于什么位置，布局哪类资产对我们最有利，以及现阶段做什么事才是大概率正确的。

| 第三章 |

世界主要策略

了解了大类资产轮动规律后，可能有些朋友会觉得，大类资产择时比较麻烦。如果自己就是一个懒人，也不想研究宏观周期，那有没有什么策略，可以让我不用过度关注市场，只需要搭配好资产组合，长期下来也能获得不错的收益呢？

　　其实还真有！这一章我们就来介绍一下世界上主流的资产配置策略，包括各大专业机构和顶级投资大师构建大类资产组合的方法。这些主流资产配置策略，基本都不依赖择时，只是依靠资产间的通力合作，就实现了长期盈利，并且收获了更高的"性价比"（即风险调整后的收益）。我们也可以从中找到一些"抄作业"的思路！

经典 60/40 组合

60/40 组合是世界上最传统的资产配置策略。简而言之，就是"60% 的股票 +40% 的长期债券"，这种搭配非常简单，甚至被专业投资者称为"免费的午餐"。

长期来看，股票是所有大类资产中收益率最高的。对此，有些投资者会提出疑问，既然股票收益率最高，那为什么还要研究其他资产，长期全部持有股票不就行了？

理想很丰满，现实却很骨感。虽然股票长期收益率最高，但是短期波动可能会相当吓人。在某些阶段，可能会下跌 50%，甚至 80%，这并非没有可能。在这种大幅波动的环境中，几乎很难有人始终拿得住股票。引入债券也是为了找到相关性不高的资产，把它们组合在一起，以避免同涨同跌，达到分散风险，进而实现平抑波动的效果。

那么，这种极为简单的配置方式，最终收益率如何呢？

传统的 60/40 组合是把 60% 的资金投入美国标普 500 指数，然后把 40% 的资金投入美国十年期国债，并且每月进行一次定期平衡。定期平衡就是指在每个月的固定一天，把组合恢复到初始比例，即股债比例为 6∶4。

1973 年到 2013 年的 40 年回测数据显示（见表 3-1），

60/40 组合取得了 9.60% 的年化收益率，大于债券 7.74% 的年化收益率，但小于股票 10.21% 的年化收益率。

表 3-1　不同资产与 60/40 组合对比（1973~2013 年）

	短期国债	债券	股票	60/40 组合
年化收益率	5.27%	7.74%	10.21%	9.60%
波动率	0.97%	8.43%	15.57%	10.20%
夏普比率	0.00	0.29	0.32	0.42
最大回撤率	0.00%	-15.79%	-50.95%	-29.28%

资料来源：[美] 麦嘉华，《全球资产配置》。

可能有人就会认为，这不是没有跑赢股票吗？但其实账不能这么算。

虽然 60/40 组合的年化收益率没有跑赢股票资产，但我们注意到，它的波动率和最大回撤率要明显小于股票。在大熊市期间，股票最多下跌了一半多，而 60/40 组合回撤了不到 30%。也就是说，60/40 组合年化收益率接近股票资产，但走势相对更稳健。

为什么强调稳健性呢？因为在专业资产管理领域，单独比较收益率是没有意义的。我们一定要关注风险调整后的收益率，说白了就是"性价比"！相近的收益率，肯定波动风险越低越好。同样，在承担相似波动风险的情况下，自然收益率越高越好，这也是夏普比率指标的含义。

纵观历史，股市真正大幅拉升的阶段，其实很短暂，创出新高的时间可能只占20%，其余80%的时间都在回撤和震荡中度过。而人的天性，本身就带有损失厌恶心理，也就是说，亏钱带来的痛苦远超同等金额盈利带来的快乐。因此，在漫长的80%的时间里，投资者都要面临震荡或者亏损的局面。即便投资者一开始赚了钱，但看到利润大幅回撤，也是很痛苦的。所以，很多人其实根本做不到坚持长期投资和既定配置策略。理论上的预期收益，和实际收益还是有很大差别的。投资者通常嘴上说能扛得住回撤，但是当风险来临的时候，如股市大幅下跌，负面新闻满天飞时，投资者一般坚持不了多久就会"割肉"离场。所以，在资产配置中，控制回撤的能力是非常重要的一环。

如果我们在A股市场应用60/40组合策略，会取得什么样的成绩呢？

我们可以用沪深300指数基金和中债指数基金，分别作为股票和债券的代表，并将它们的比例调整为6∶4，同时假定每年平衡一次。从最近10年的回测数据来看，中国版60/40组合取得了6.15%的年化收益率，不仅跑赢了沪深300指数，而且其波动幅度也相对更小。

这就是资产配置的魅力所在，即用更小的回撤和波动，取得更高的收益。当然，这也要得益于过去10年沪深300指数表现并不突出，震荡市特征非常明显。在单边牛市中，60/40

组合是肯定跑不赢沪深 300 指数的。所以，我们得出一个结论，**在震荡市中，60/40 组合的"性价比"更高。**

不过，有人也发现了，60/40 组合的回撤其实并不小，相对于股票指数，60/40 组合虽然降低了波动率，但是将近 30% 的最大回撤率，对常人来说也是难以忍受的。所以，这个模型只是起点，还不是终点。换句话说，60/40 组合只是一套基础拳法，后面还有更高级的进化招式等待探索。

这些进化招式包括引入更多元的资产，比如大宗商品、黄金、房地产信托等，并在现有的股债组合里面，进一步区分大盘股、小盘股、长债、短债以及通胀保值债券等，然后对它们分别进行回测，得出最优"性价比"的组合。

资产配置的目的，其实就在于帮助投资者，在实现最终收益的同时，尽量熨平上涨过程中的波动，以保持心态平和。资产配置旨在将"反人性"的事情转变为更容易被人接受的方式，提高风险收益"性价比"，让更多人能够真正"拿得住"，并且敢于重仓投资，"吃"到更多的收益。

哈利·布朗永久投资组合

20 世纪 80 年代，有一个叫哈利·布朗的财经作家提出了一种新颖的投资策略。该策略通过建立一个简单、均衡、多元化的投资组合来实现长期稳定盈利的效果，这一策略被称为永久投资组合。

为什么叫永久投资组合？永久，顾名思义，说的就是这套组合策略长期甚至永久都是有效的，几乎不需要做任何的调整，就可以让你应对历史上的任何经济周期。

永久投资组合的搭配逻辑非常简单，就是将债券、股票、黄金以及现金资产平均分配，每种资产占比25%，然后定期进行平衡（见图3-1）。

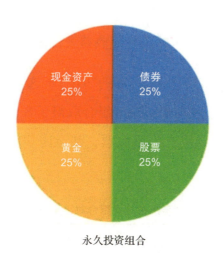

永久投资组合

图 3-1　永久投资组合配置结构

为什么要这么配置呢？通过学习第二章，我们了解了在一轮经济周期的不同阶段，往往对应着某些大类资产表现优良，其他资产表现不佳的情况。比如，在衰退期，债券占优，股票和大宗商品通常处于熊市；在复苏期，股票占优，其他资产基本跑不赢股票；在过热期，大宗商品占优，债券进入强熊市；在滞胀期，多数资产可能表现不佳，那么我们就可以用现金资产进行防守。

因此，短期来看，每一类资产都会有自己的最佳表现期，但同时也各有各的问题。永久投资组合的配置逻辑，就是不考虑周期划分，把上涨周期各不相同的资产打包放到一起，形成互补关系，以平抑整体组合的波动，然后等待它们自然增长。

那么，这套配置策略的长期收益表现如何呢？

通过对美国市场从 1973 年到 2013 年这 40 年数据的回测（见表 3-2），我们发现永久投资组合取得了 8.53% 的年化收益率，这个成绩同样没有跑赢股票，甚至比 60/40 组合的年化收益率还要更低一些。

表 3-2　不同资产与永久投资组合对比（1973～2013 年）

	短期国债	债券	股票	永久投资组合
年化收益率	5.27%	7.74%	10.21%	8.53%
波动率	0.97%	8.43%	15.57%	7.29%
夏普比率	0.00	0.29	0.32	0.45
最大回撤率	0.00%	−15.79%	−50.95%	−12.74%

资料来源：[美] 麦嘉华，《全球资产配置》。

然而，我们留意到，永久投资组合的最大回撤率竟然只有12.74%！也就是说，在股票市场最悲观、下跌最猛烈的那段时间里，股票亏损了一半多，60/40组合也跌了近30%，而永久投资组合只回撤了不到13%。这个"性价比"就比较有吸引力了！

如果我们进一步拆分，以每10年为一个周期回测永久投资组合的收益情况，会发现一个更神奇的现象（见表3-3）。那就是，永久投资组合竟然在所有周期阶段内都取得了实际正收益。也就是说，在扣除通货膨胀率后，永久投资组合没有一个10年是实际亏损的，即便在美国股市最黑暗的20世纪70年代，在股票、债券全部下跌的情况下，永久投资组合仍然取得了3.20%的实际年化收益率。这其实也得益于组合中黄金资产的贡献，因为20世纪70年代美国爆发了大通胀，这让黄金资产进入了一段牛市周期。

表3-3 不同阶段各类资产与永久投资组合实际年化收益率对比（1973~2013年）

	短期国债	债券	股票	永久投资组合
20世纪70年代的实际年化收益率	-1.55%	-4.23%	-5.26%	3.20%
20世纪80年代的实际年化收益率	3.81%	7.22%	11.67%	4.61%
20世纪90年代的实际年化收益率	1.95%	4.87%	14.71%	4.12%
2000~2010年的实际年化收益率	0.19%	3.92%	-3.38%	3.91%
2010年至今的实际年化收益率	-1.82%	2.17%	13.73%	4.80%
波动率	2.38%	4.33%	9.78%	0.63%

资料来源：[美]麦嘉华，《全球资产配置》。

当然，我们看到在20世纪80年代之后，世界经济秩序得以恢复，美国的通胀率显著下降，经济重新进入复苏期，与此同时，黄金资产从1980年起步入了熊市，价格持续下跌（见图3-2）。这一价格调整过程，持续了漫长的20年，而这20年正好是美国股市的一波最大牛市周期。永久投资组合在这段大牛市中大幅跑输了股票。

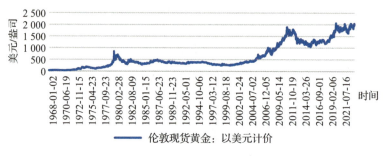

图 3-2　黄金历史价格走势

数据来源：Wind.

因此，要想通过永久投资组合赚取超额收益，难度是很大的。长期来看，永久投资组合想要跑赢股票的收益，几乎是不可能的。但是永久投资组合最大的优点，就在于其极高的稳定性！永久投资组合的长期走势几乎就是一条平稳上升的曲线，远比股票波动性小得多。

那么，这套策略在我国股票市场中会取得什么样的成绩呢？

我们简单以沪深300指数基金、中债指数基金、黄金基金和超短债基金为参考,按照均等配置比例,每年进行一次平衡,来模拟中国版永久投资组合。从近10年的回测数据来看,中国版永久投资组合跑赢了沪深300指数(见图3-3),而且,它的波动幅度也远小于沪深300指数,最大回撤只有12%,而沪深300指数的最大回撤达到了44%。所以,中国版永久投资组合的"性价比"还是非常高的,长期下来,这一组合在取得更高收益的情况下,承担了更小的风险。当然,在近几年,中国版永久投资组合能够跑赢沪深300指数,主要也是因为这几年市场处于明显熊市。从绝对收益率来看,可能很多投资者并不满意中国版永久投资组合,毕竟其年化收益率只有5.80%,甚至没能跑赢一些二级债基。

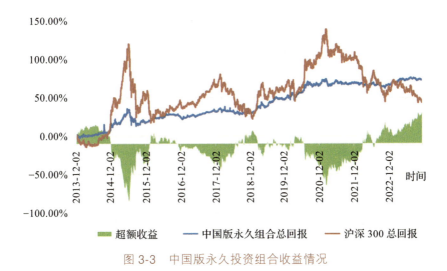

图3-3 中国版永久投资组合收益情况

资料来源:Wind.

综合来看，永久投资组合比较适合那些风险承受力不高，或者刚进入市场的投资小白。这套策略简单有效，对投资专业知识没有过高的要求，也不需要强大的心态作为保障。投资者只需要做到一点，那就是长期持有。当然，投资者也不要对它的收益产生过高的期待。永久投资组合就像武当太极剑，虽然没有独孤九剑那么凌厉，但防守起来确滴水不漏。

达利欧全天候组合

全天候组合是由投资界的传奇人物瑞·达利欧提出的，他也是世界知名的对冲基金公司桥水基金的创始人。达利欧独特的投资方法改变了基金行业的面貌，所以他也被称为金融界的史蒂夫·乔布斯。

达利欧的观点，其实和巴菲特比较相似。巴菲特有个投资法则，即永远不要亏损！达里欧的主要观点，也是尽量不赔钱。

通过回测美国市场从1973年到2013年这40年的数据（见表3-4），我们发现，达利欧的全天候组合取得了9.50%的年化收益率。这个成绩虽然略逊色于股票，不过比永久投资组合更高，而且它的最大回撤率，相比于永久投资组合，其实并没有增加多少，只有14.59%，远低于股票的最大回撤。也就是说，全天候组合的"性价比"更高！

表 3-4 不同资产与全天候组合对比（1973～2013年）

	短期国债	债券	股票	全天候组合
名义年化收益率	5.27%	7.74%	10.21%	9.50%
波动率	0.97%	8.43%	15.57%	8.24%
夏普比率	0.00	0.29	0.32	0.51
最大回撤率	0.00%	−15.79%	−50.95%	−14.59%

资料来源：[美]麦嘉华，《全球资产配置》。

分阶段来看，全天候组合也只在美国最黑暗的20世纪70年代出现了实际亏损，但是亏损幅度远低于股票，甚至比债券都要低。而在其余的每个10年中，全天候组合均保持了实际正收益（见表3-5）。

表 3-5 不同阶段各类资产与全天候组合对比（1973～2013年）

	短期国债	债券	股票	全天候组合
20世纪70年代的实际年化收益率	−1.55%	−4.23%	−5.26%	−1.39%
20世纪80年代的实际年化收益率	3.81%	7.22%	11.67%	8.54%
20世纪90年代的实际年化收益率	1.95%	4.87%	14.71%	6.61%
2000—2010年的实际年化收益率	0.19%	3.92%	−3.38%	4.19%
2010年至今的实际年化收益率	−1.82%	2.17%	13.73%	6.02%
波动率	2.38%	4.33%	9.78%	3.79%

资料来源：[美]麦嘉华，《全球资产配置》。

因此，全天候组合的神奇之处，也是在于两个字——稳定！可以看到，全天候组合的波动率甚至比债券更低，但最终的收益率却和股票相近。在 40 多年的时间里，股市大起大落，而达里欧通过其创新的全天候组合，把净值收益曲线几乎给熨平了。也就是说，投资者在获得收益的过程中，心里会感到非常踏实。

在投资市场中，绝大多数人之所以赚不到钱，主要就是因为市场波动太大，这导致投资者要么不敢重仓，要么就是重仓了也拿不住。而达利欧全天候组合的厉害之处，就在于帮助大家消除了这两点后顾之忧。该策略以极高的"性价比"和极其稳定的业绩表现著称，这也让很多机构投资者愿意投资它的基金，桥水基金的规模也越做越大，最终成为全球知名的对冲基金公司。所以，在金融投资领域，并不是比谁短期跑得更快，而是比谁长期活得更久。

那么，全天候组合到底是如何配置资产的？

通过对宏观经济和资本市场的研究，达利欧发现，宏观经济的确存在着周期性波动。而且，不同的周期环境会对不同的大类资产回报率产生规律性影响。他把这种规律总结为"四宫格理论"。简单来说，就是经济增长超预期、经济增长低于预期、通胀超预期和通胀低于预期四种环境，每种环境对应了不同的资产表现（见图 3-4）。全天候组合的底层逻辑和美林投资时钟是比较相似的。

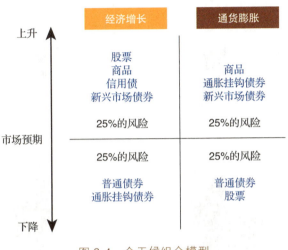

图 3-4　全天候组合模型

达利欧认为，绝大多数投资者是无法准确判断经济周期的。与其给自己增加判断难度，不如搭建一个基于资产配置理念的全天候组合来穿越牛熊，平稳度过每一个宏观周期。也就是说，把不同经济环境中表现良好的资产纳入投资组合，让这些资产在这个组合里自发形成对冲关系，从而平抑整体组合的波动性。

在此基础上，达利欧还将风险平价策略应用于全天候组合，确保组合内各个大类资产风险一致（见图3-5）。比如，在股债5∶5配置的组合中，资产是均衡的，但其实风险是不均衡的。股票的风险显然比债券大得多，可能占据整体风险的80%。一旦股票大跌，那么整体组合的回撤还是很大的。

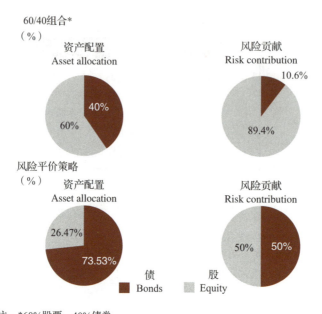

注：*60%股票，40%债券
来源：Caixabank Research, based on data from kazemi, H.(2012) An Introduction to Risk Parity, Alternative Investment Analyst Review, 1.

图 3-5　风险平价策略与经典股债 60/40 组合对比图

要想实现资产间的风险均衡，可能七成的仓位都得集中在债券上。不过，股票仓位过低，最终也会降低组合的整体收益率。达利欧的全天候组合，为了多配股票，还在债券上加了杠杆。

最终，达利欧根据不同大类资产间的风险系数关系，设计出了组合内每类资产风险一致的全天候组合（见表 3-6）。在这种搭配下，即便一类资产价格大跌，也不会造成整个组合风险失控。桥水基金也是依靠这个组合，在全球范围内树立了自己的招牌，成了市场上的明星基金。

表 3-6 全天候组合配置

美国大盘股	股票	18%
美国小盘股	股票	3%
（非美）发达国家	股票	6%
（非美）新兴市场国家	股票	3%
企业债券	股票/债券	35%
十年期美国国债	债券	15%
三十年期美国国债	债券	40%
商品	实物资产	8%
黄金	实物资产	8%

资料来源：MASTER THE MONEY GAME，2014.

从全天候组合配置比例中，我们可以观察到，这是一个明显偏重债券的投资组合。由于普通投资者没办法给债券加杠杆，他们只能通过降低组合中股票的比例来实现。达利欧也给普通投资者提供过一套简易版的全天候组合（见图 3-6），我们也可以从中找到"抄作业"的思路。

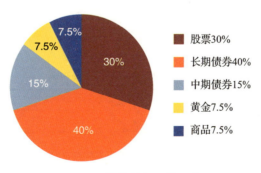

图 3-6 简易版全天候组合

全球市场投资组合

全球市场投资组合（The Global Multi-Asset Market Portfolio，GMP），是由瑞士信贷提出的一套策略。它的配置原理就是模拟全球资本市场中各资产的市值占比，不需要考虑宏观择时，甚至连定期平衡都不需要操作。由于组合的配置比例复制了全球市场中各资产的市值占比，当某一市场股票大涨时，组合中相对应的资产市值也会随之提升，不需要调整。投资者要做的，就是把资金投进去，然后跟随全球市场的波动涨跌。所以，全球市场投资组合更像一套近乎于一劳永逸的懒人组合。

但是，全球市场投资组合搭配起来也比较麻烦，资产拆分得比较细。对于股票，美国大盘股占20%，（非美）发达国家股票占15%，（非美）新兴市场国家股票占5%。对于债券，企业债券占22%，三十年期美国债券占15%，十年期非美国债券占16%。另外，该组合还配置了5%的房地产投资信托，以及2%的通胀保值债券。总体上，这近似于一个债券占比60%，股票占比40%的配置比例（见表3-7）。

表 3-7　全球市场投资组合构成

美国大盘股	股票	20%
美国小盘股	股票	
（非美）发达国家	股票	15%
（非美）新兴市场国家	股票	5%

（续）

企业债券	股票/债券	22%
短期国债	债券	
十年期美国债券	债券	
三十年期美国债券	债券	15%
十年期非美国债券	债券	16%
通胀保值债券	实物资产	2%
商品	实物资产	
黄金	实物资产	
房地产投资信托	实物资产	5%

资料来源：[美]麦嘉华，《全球资产配置》。

从40年的回测数据来看（见表3-8），全球市场投资组合9.90%的名义年化收益率还是比较高的，已经非常接近股票的回报率，而且最大回撤只有股票的一半左右，"性价比"也是很不错的。只是对于这个组合，我们模仿起来比较困难，这是因为目前国内还没有很丰富的全球投资标的。

表3-8　不同资产与全球市场投资组合对比（1973~2013年）

	短期国债	债券	股票	GMP
名义年化收益率	5.27%	7.74%	10.21%	9.90%
波动率	0.97%	8.43%	15.57%	8.45%
夏普比率	0.00	0.29	0.32	0.55
最大回撤率	0.00%	-15.79%	-50.95%	-26.87%

资料来源：[美]麦嘉华，《全球资产配置》。

但是，这种全球多元化的资产搭配思路，还是值得我们借鉴的。投资者不能只把目光局限于国内市场，而要保持多元化视角,进行全局化布局,这样才能让我们的钱滚动起来,进而享受到全球资本市场的上涨红利。

捐赠基金投资组合

接着我们再看下几个比较有名的捐赠基金投资组合,包括大卫·斯文森(Swensen)管理的耶鲁基金、埃尔-埃里安(El-Erian)管理的哈佛基金以及常春藤(Ivy)投资组合。

这些基金的共同特点就是存续期特别长,既不需要向谁汇报收益战果,也不涉及投资者赎回的问题,所以,基金经理没有业绩排名的压力,只是希望能够长期获得稳定的回报。基于此,这些捐赠基金的投资宗旨也是多元化配置。

从1973年到2013年的回测数据来看,埃尔-埃里安管理的哈佛基金收益率最高,甚至超越了股票的收益率。大卫·斯文森管理的耶鲁基金,最大回撤相对控制得更好一些,而且收益率也不低。常春藤投资组合的收益率略微逊色一些,不过波动率相对更低(见表3-9)。

表3-9 不同资产与捐赠基金投资组合对比(1973~2013年)

	短期国债	债券	股票	Ivy	El-Erian	Swensen
名义年化收益率	5.27%	7.74%	10.21%	9.90%	10.45%	10.16%

（续）

	短期国债	债券	股票	Ivy	El-Erian	Swensen
波动率	0.97%	8.43%	15.57%	10.21%	10.69%	10.68%
夏普比率	0.00	0.29	0.32	0.45	0.48	0.46
最大回撤率	0.00%	−15.79%	−50.95%	−46.00%	−45.72%	−41.60%

资料来源：[美]麦嘉华，《全球资产配置》。

从配置上来看，三大基金也略有差异（见表3-10）。

表3-10 捐赠基金投资组合

		Ivy	EL-Erian	Swensen
美国大盘股	股票	20%	18%	20%
美国小盘股	股票			
（非美）发达国家	股票	20%	18%	20%
（非美）新兴市场国家	股票		15%	10%
企业债券	股票/债券			
短期国债	债券			
十年期美国债券	债券	20%		
三十年期美国债券	债券		6%	15%
十年期非美国债券	债券		11%	
通胀保值债券	实物资产		6%	15%
商品	实物资产	20%	13%	
黄金	实物资产			
房地产投资信托	实物资产	20%	13%	20%

资料来源：[美]麦嘉华，《全球资产配置》。

常春藤投资组合由五种资产构成，各占20%的比例，这一组合包括美国大盘股，（非美）发达国家股票、十年期美国债券、商品以及房地产投资信托。

埃尔-埃里安管理的哈佛基金投资组合采用了更为细致的分配策略，美国大盘股和（非美）发达国家股票各配18%，（非美）新兴市场国家股票配置了15%，三十年期美国债券配置了6%，十年期非美国债券占11%，商品和房地产投资信托各占13%，通胀保值债券分配了6%。

对于大卫·斯文森管理的耶鲁基金，在股票部分，美国大盘股和（非美）发达国家股票各占20%，（非美）新兴市场国家股票占10%；在债券部分，三十年期美国债券和通胀保值债券各15%，最后再加上20%的房地产投资信托。

世界主要策略对比

最后，我们把上述策略放到一起进行比较（见表3-11）。

表3-11 世界主要策略配置比例

配置比例	60/40组合	永久投资组合	全天候组合	GMP	常春藤	埃尔-埃里安	大卫·斯文森
股票	60%	25%	30%	46%	40%	51%	50%
债券	40%	50%	55%	38%	20%	17%	30%
实物资产	/	25%	15%	16%	40%	32%	20%

资料来源：[美]麦嘉华，《全球资产配置》。

我们会发现，这些策略的基本逻辑是相似的，都是在股票、债券以及其他大类资产间做分配。无非是不同的配置组合、各类资产之间的具体细分比例略有差异。而且这些组合策略的股票仓位基本都在60%以下。换句话说，投资大师们以实际经验告诉我们：股票仓位越高，投资结果未必越好。

从回测数据来看（见表3-12），在40年的时间里，收益率排名第一的并不是100%仓位的纯股票，也不是60/40组合，而是只配置了51%股票仓位的埃尔-埃里安管理的哈佛基金。也就是说，哈佛基金只用了半仓股票，在收益率上，就实现了对于满仓股票的超越，而且在波动率和最大回撤率上，也比股票更低。收益率最低的是永久投资组合，排名倒数第二的是全天候组合。

当然，投资肯定不能光看收益，还要考虑风险。如果从风险控制的角度出发，结果正好相反。最大回撤率和波动率最低的是永久投资组合，其次是全天候组合，它们的最大回撤率甚至比单持有债券还低。也就是说在债券组合中，加入25%的股票，非但没有增加风险，反而让风险降低了。其实这就是资产配置的魅力，将不相关的资产组合在一起，可以让你的收益表现更佳，并且风险更小。所谓低风险高收益，主要就体现在这种科学的配置上。

如果拆分阶段来看的话，回测结果又会有些不同（见表3-13）。

表 3-12 不同资产与世界主要策略收益率对比（1973~2013 年）

	短期国债	债券	股票	60/40	永久投资组合	全天候组合	GMP	埃尔-埃里安
名义年化收益率	5.27%	7.74%	10.21%	9.60%	8.53%	9.50%	9.90%	10.45%
波动率	0.97%	8.43%	15.57%	10.20%	7.29%	8.24%	7.99%	10.69%
夏普比率	/	0.29	0.32	0.42	0.45	0.51	0.58	0.48
最大回撤率	/	-15.79%	-50.95%	-29.28%	-12.74%	-14.95%	-26.72%	-45.72%

资料来源：[美]麦嘉华，《全球资产配置》。

表 3-13 不同阶段各类资产与世界主要策略实际年化收益率对比

实际年化收益率	短期国债	债券	股票	60/40组合	永久投资组合	全天候组合	GMP	埃尔-埃里安	常春藤	大卫·斯文森
20世纪70年代	-1.55%	-4.23%	-5.26%	-4.56%	3.20%	-1.39%	-0.34%	0.58%	-0.18%	-2.20%
20世纪80年代	3.81%	7.22%	11.67%	10.28%	4.61%	8.54%	9.57%	10.62%	10.13%	10.74%
20世纪90年代	1.95%	4.87%	14.71%	10.89%	4.12%	6.61%	6.90%	7.39%	6.54%	7.36%
2000—2010 年	0.19%	3.92%	-3.38%	-0.04%	3.91%	4.19%	3.71%	3.66%	2.99%	3.69%
2010—2013 年	-1.82%	2.17%	13.73%	9.44%	4.80%	6.02%	6.06%	6.20%	7.26%	8.16%
波动率	2.38%	4.33%	9.78%	7.05%	0.63%	3.79%	3.73%	3.80%	4.00%	5.01%

资料来源：[美]麦嘉华，《全球资产配置》。

20世纪70年代,表现最好的是永久投资组合,最差的是60/40组合以及大卫·斯文森的耶鲁基金。到了20世纪80年代,收益结果出现了逆转,大卫·斯文森的耶鲁基金表现最好,60/40组合表现也不错,永久投资组合反而表现最差,全天候组合收益率也偏低。2000年到2010年,形势再次翻转,表现最差的是60/40组合,表现最好的是全天候组合。2010年之后,再次反转,表现最好的是60/40组合,最差的是永久投资组合。

我们似乎可以发现一个规律,本阶段表现最好的组合,往往是上一个阶段表现最差的组合。而在每个阶段表现都不太突出的组合,却是长期最佳组合。投资市场就是这么神奇,所见并非所得,你必须仔细思考,才能发现它的内在规律。

我们悟出的投资中庸之道,就是尽量别做"出头鸟",保持资产的均衡和稳健。投资是一场马拉松,跑得最快的不会是冠军,一开始跑得最慢的也不会是冠军,始终都能保持在中上游的,才是冠军的有力争夺者。但很可惜,绝大多数投资者对此都有误解,他们总把投资当成短跑,结果没跑出1 000米,就全都累"吐血"了,俗称"血亏"。

了解这些世界主要策略,对于我们普通投资者而言有很大的借鉴意义。如果自己不知道怎么配置组合,也不了解市场情况,其实始终保持50%的股票仓位就可以了,保守一点,

40%也完全没问题。不要总想着满仓获得最大的利润,这么多投资大师以及知名的资产配置策略都告诉我们,股票仓位越高,收益未必越好。

判断一个投资组合的好坏,并不是看该组合能赚到多少钱,而是要看其收益与风险的匹配程度。资产配置的核心目标,就是在风险一定的情况下,尽可能多地获得收益,或者在收益一定的情况下,尽可能地降低风险。如果这两个目标达到了,那就是一个好的资产组合。所谓投资水平,就是找到那个风险和收益的最佳匹配点,取得最高的"性价比"!

在股票仓位里,我们可以使用宽基指数,比如沪深300指数、中证500指数、创业板指数,再加一个科创50指数,把它们几个进行均等配置,剩余仓位就全部买成债券,或者适当加入一些大宗商品。然后,我们就在这个比例范围内做调整,当比例偏差过大时,做一次再平衡。

长期坚持下来,这种投资组合带来的收益率也是不错的,而且你的心态会很好,在市场下跌时,你还可以通过再平衡操作来补仓,这就是投资的中庸之道。在市场上涨时,这种投资组合能使投资者基本跟住大部分收益,而在市场下跌的时候,投资组合的亏损要比基准亏损少得多。长期来看,只要股市上涨,我们使用这套策略就必然会赚钱。我们就像马拉松长跑选手一样,不断超越那些中途的百米冲刺者。

| 第四章 |

风格轮动策略

如果我们把大类资产轮动做好，长期来看，已经可以获得一个不错的基础收益。而我们获得收益的主要来源就是股票。债券、大宗商品，包括其他类资产，更多还是起到平抑波动的作用，它们并不能成为组合的主要收益来源。如果想在大类资产轮动的基础上，获得更高的超额收益，那么，就要在股票里面继续做文章，这就涉及风格轮动策略。

风格轮动策略相当于在大类资产轮动的基础上，进一步深入，把股票进行更为细致的拆分。通过对股票进行风格划分和择时，并在配置上做出适当的倾斜，这样我们可以获得比市场平均收益更高的超额收益。

所谓风格，指的就是不同行业、不同类型的股票，它们往往受到相同周期运行规律，或者相同变量的影响，从而表现出高度相关的演绎逻辑。比如，在不同时期，大家会对某一类型的公司非常追捧，进而给它们贴上特定的风格标签，如成长风格、价值风格、大盘风格、小盘风格、低估值高股息风格、高估值高成长风格、核心资产风格、白马龙头风格等。

风格轮动策略的形成，主要来源于对股票市场异象的研究。20 世纪 70 年代之后，对各种市场异象的研究，推动了风格轮动策略的发展。

什么叫市场异象？简单说，就是研究者发现，在某些时期，市场上存在具有某些特征的资产，投资这些资产，能够获得超越平均水平的回报。所以，风格轮动策略的理论基础实际上挑战了市场有效性假说。不过，国际上的历史统计数据表明，的确存在一些风格轮动策略，在一定时期内创造了巨大的超额收益。

A 股市场在 2010 年之前，风格走势并不明显。无论是大盘风格、小盘风格，还是成长风格、价值风格，涨跌方向基本趋同（见图 4-1）。这主要是因为当时的股票数量有限，个股的相关性较高。所以，在早期的 A 股中投资，判断市场大势，要比分析风格更重要。

2010 年之后，随着 A 股上市公司数量逐渐增多，制度不断完善，以及经济进入结构性转型期，A 股市场的结构性行情特征也愈加凸显，风格分化越来越显著（见图 4-2）。

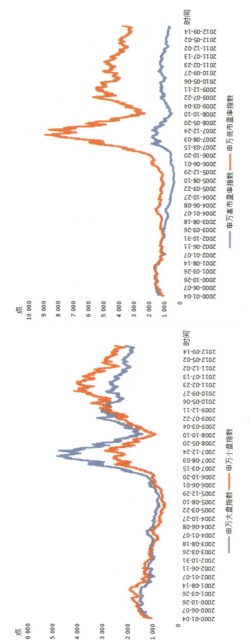

图 4-1 2010 年之前的市场风格走势

资料来源：Wind.

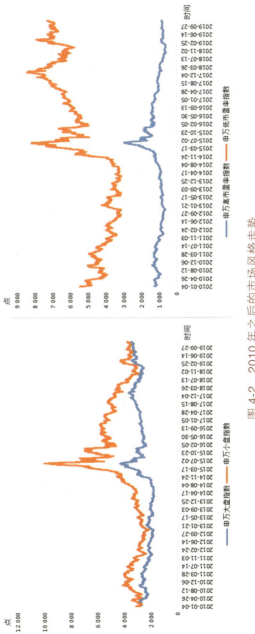

图4-2 2010年之后的市场风格走势

资料来源：Wind.

不同风格和行业在接近60%的时间里,几乎不会同涨同跌(见表4-1)。很多时候,虽然同属于股票,但大盘股和小盘股,或者成长股和价值股之间,也会走出明显的背离趋势。如果选错了风格,那么很可能会错过一波大行情。

表4-1　2010~2020年A股市场分化、普跌和普涨的时长

状态	时长(年)
分化	5.8
普跌	2.8
普涨	1.4

2010年之后,A股市场大概每2~3年就会经历一轮比较典型的大级别风格切换(见图4-3)。在某一时段,不同风格之间的收益率差异极大,最高差异甚至能达到155%!

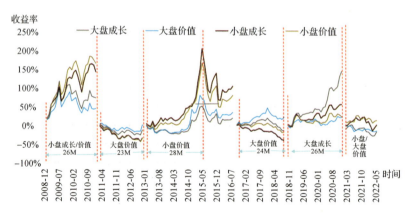

图4-3　2010年之后的市场风格轮动情况

资料来源:招商策略研究所。

从 2009 年到 2011 年，尽管同属价值风格，但小盘价值股跑得最快，大盘价值股却没什么表现，二者收益率竟然相差超过 100%。2011 年之后，股市进入熊市期，市场普跌，之前表现最好的小盘价值股和小盘成长股，跌幅也最大，回撤了近 50%。而之前表现最差的大盘价值股，股价反而更加坚挺，基本没怎么跌。紧接着，2013~2015 年这波大牛市行情，小盘成长股一飞冲天，大盘成长股却涨得最差，最后收益率也相差了超过 100%。2017 年之后，随着供给侧结构性改革的深入，大盘价值股受到市场追捧，A 股迎来了一波中国"漂亮 50"热，反观小盘成长股则跌了近 50%。2019 年之后，随着电力与新能源行业的崛起，消费蓝筹抱团，大盘成长股表现最为突出，相比其他风格，也跑出了近 100% 的超额收益。

不管是对于公募基金，还是普通散户，在 2~3 年时间内，收益率相差 100%，这个差距确实太大了。所以，能否踩对风格，将决定你最终收益率能达到一个什么水平。把风格轮动策略做好，其实就已经达到全市场顶级基金经理的水平了。而如果每次都买错风格，那可能每年对你来说都是熊市。

因此，对风格的研究也就成了自上而下策略的重要课题。当你圈定了风格之后，在某一阶段，它所属的那一堆行业，可能都有表现机会。而另外一种风格下的行业，就难有太好的表现。比如，小盘成长风格占优的时候，代表大盘价值风格的大金融板块，可能就会跑得相对较慢。而当大盘价值风格占优的时候，代表小盘成长风格的计算机、软件板块，大概率也难有较好的表现机会。

如何定义和划分风格

一般来说，市场中比较主流的风格分类，基于两个维度：成长和价值、大盘和小盘。

成长和价值基本代表了投资中的两种思路。

价值投资的典型代表是格雷厄姆。他提倡用5角钱买1元钱的东西，强调价格要有安全边际，重点在于寻找被市场低估的便宜股票。买完之后时间就是你的朋友，格雷厄姆对业绩增长率没有那么高的要求。

我们常说的价值股，一般指的就是那些靠业绩驱动股价的公司股票。这些公司通常已经过了高速发展期，有着很成熟的商业模式、产品体系以及消费群体。行业地位稳定，利润稳定，而且市盈率通常不会很高。

成长投资的典型代表是费雪。成长投资看重的是增长率，相对忽视市场估值，主要是赚公司持续增长的钱。也就是说，买入的时候价格可能并不便宜，但是依靠公司的连续高增长，未来能够化解高估值，此时，买入价格也就不显得那么贵了。巴菲特早期追随格雷厄姆，到了中后期开始兼顾费雪理论。

成长股一般指的是靠收入或利润增长驱动股价的公司股票。这些公司多数处于新兴行业中，随着整个行业的扩张，公司收入或利润大概率能以超过30%的速度增长。但是一些成长型公司的商业模式和产品并不稳定，它们擅长讲故事，因此市盈率可能非常高。

一轮大牛市过后，最伤人的往往就是成长股。因为价值股在行业表现良好的时候能有10%～20%的业绩增速，不好的时候，利润也不会下滑太猛，相对稳定。但成长股就不一样了，好的时候业绩翻倍增长，不好的时候业绩可能说没就没了，甚至大幅亏损。而投资者又非常容易被高成长的故事诱惑，高位接盘后，满怀欣喜地等待业绩翻倍，结果公司却大幅亏损。在这种预期落差下，所有的估值逻辑必然被打破，股价暴跌也就成了必然。

相比之下，大盘和小盘风格在字面上就很好理解了，主要看的就是公司市值。大盘和小盘的划分并没有特别统一的标准。一般来说，流通市值小于200亿元的公司，可以算作小盘股；流通市值在200亿～500亿元之间的公司，可以算作中盘股；流通市值大于500亿元的公司，基本就是大盘股了；超过千亿元市值规模的，可以视为超大盘股。

对一家公司来说，大盘风格和小盘风格可能相对比较容易分辨，但成长风格和价值风格的区分其实并没有那么明确，因为公司不断发展变化，而且有些公司兼顾了价值和成长属性。如何精准分辨公司股票是价值风格还是成长风格？这个问题既好回答，又不好回答！

我们认为，笼统来讲，市盈率超过平均水平的就算成长股，市盈率低于平均水平的就算价值股。目前来看，30倍市盈率，可以当作均值线。30倍市盈率以上的，可以算成长股，低于30倍的，那就算价值股。

有些人也会根据公司的营收增长率或者利润增长率，来判断公司股票到底属于价值股还是成长股，他们认为公司的盈利增长率超过30%就属于成长股，低于30%的算价值股。不过我们认为，公司股票到底是成长股还是价值股，最终还是应该由市场说了算。市场投票的结果，就是看公司的市盈率。有些公司说自己有成长性，这个不算数，得市场承认才行。如果市场连平均估值都没给到，那么就说明，市场并不承认这个公司的成长性。

四大类风格的代表行业和指数

基于成长和价值，大盘和小盘两个维度，我们可以把市场风格归纳为四大类别，分别是：大盘价值、大盘成长、小盘成长、小盘价值（见图 4-4）。

图 4-4 市场风格四象限

大盘价值风格，代表行业有银行、地产、石油石化、家电等。这些行业普遍市值较大，而且常年市盈率都比较低。在宽基指数中，可以代表大盘价值风格的有中证红利指数、沪深 300 价值指数和上证 50 指数。

大盘成长风格，主要包含电新（电力设备、新能源）龙头、半导体龙头、医药龙头、消费电子龙头等。

食品饮料板块的界定其实比较模糊，肯定属于大盘风格，但它兼具成长和价值属性，本身有很好的成长性，业绩也比较稳定。一般来说，如果估值跌下来，食品饮料板块就是成长和价值风格兼顾的最佳选择，而如果估值没跌下来，那就属于大

㊀ 小水泥，即水泥行业中的小盘股集合，小煤炭、小钢铁等同此解释。

盘成长风格了。在宽基指数中，最能代表大盘成长风格的就是创业板指数。

至于投资者最常关注的沪深 300 指数，从市值风格来看，肯定属于大盘风格，毕竟是按照市值因子选股的。从行业分布上来看，占比排在前六的是食品饮料、银行、非银金融、电力设备、电子以及医药生物（见图 4-5）。

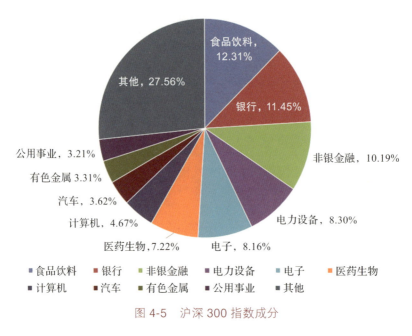

图 4-5　沪深 300 指数成分

数据来源：Wind，截至 2023 年 12 月。

我们可以发现，现在沪深 300 指数其实也不能算作纯粹的大盘价值风格了。早期的沪深 300 指数，确实是大盘价值风格的代表，大金融占比几乎达到了 40%。但是，2019 年之后,随着时代主题的变迁,电新行业崛起,消费大蓝筹行情启动,沪深300指数从之前的价值风格逐渐转变为价值成长均衡风格。未来,随着时代的发展和产业的变迁,沪深300指数会不会也变成一个大盘成长指数,我们拭目以待。

小盘成长风格,主要代表行业有计算机、消费电子、通信服务、半导体、新材料、小新能源、小医药等。这些行业市值普遍较低,增长率较高,市盈率一般也处于市场平均值以上。在宽基指数中,小盘成长的典型代表就是科创100指数。科创50指数,属于中小盘成长风格。中证1000指数属于中小盘均衡风格,不过科技、周期、制造领域占比较高,所以也略微偏成长风格。

小盘价值风格主要以周期行业为主,比如小水泥、小煤炭、小钢铁、环保、交运等。目前在宽基指数中,没有特别明确的小盘价值风格标的。市场中一些主动基金,倒是有倾向于中小盘价值风格的,我们可以用个别主动基金作为小盘价值风格的配置工具。

四大类风格的驱动逻辑

第一类:大盘成长风格。

大盘成长风格的股票,市值大且有成长性,估值相对较高，主要以电新、医药、消费等行业的龙头股为代表。大盘成长风格要想有明显表现，一方面需要有场内增量资金的注入，推动大市值风格；另一方面，需要有市场风险偏好的提升（见图4-6）。转换成指标层面，说白了就是得有机构或者外资进场推动，给予资金支持，并且配合社会融资的提升和投资者信心的恢复。比如，2020年创业板和2017年消费板块的突出表现，就离不开资金和社会融资的推动。

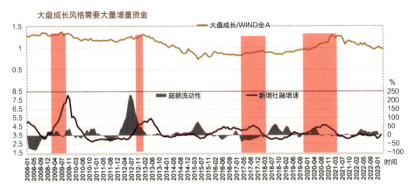

图4-6　大盘成长风格驱动因素

资料来源：招商策略研究所。

第二类：大盘价值风格。

大盘价值风格的特点在于其股票市值大，但是估值明显更低。这类股票主要集中在金融地产、基建、公用事业等行业。大盘价值风格股票一般具有进攻和防御的双重属性（见图4-7）。

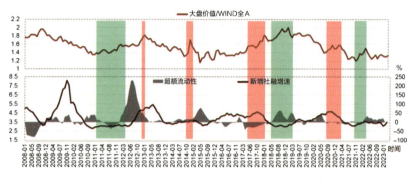

图 4-7 大盘价值风格的驱动因素

资料来源：招商策略研究所。
注：大盘价值风格的防御驱动（绿色）；大盘价值风格的社融驱动（红色）。

当经济增速放缓，如遇到一些风险事件冲击的时候，低估值的大盘价值风格股票防御力明显更强。比如，在2018年和2022年，大盘价值风格股票明显更抗跌一些。当然了，这个阶段，风格轮动也未必会取得很好的防御效果。即便大盘价值风格股票相对抗跌，但毕竟属于股票，绝对跌幅可能也并不小。因此，在经济增速放缓，股市深度调整的时候，我们最好的防御办法还是要回到资产轮动策略，降低股票仓位，增加债券比例，或许防御效果会更明显。

大盘价值风格股票的进攻属性，通常要等到经济强复苏、社融高增长，或者有明显政策刺激的时候，才会体现出来。最典型的就是2017年的供给侧结构性改革，当时政策明显倾向传统经济，大盘价值风格股票也实现了显著的超额收益。

第三类：小盘成长风格。

小盘成长风格的特点在于其股票市值较小，但成长性较强。一般来说，小盘成长风格也是4种风格中进攻性最强的，该风格的股票主要集中在计算机、电子、新材料、小新能源、小医药等行业。小盘成长风格的占优期通常出现在两种情景中（见图4-8）。一种是超跌反弹，市场进入熊市后半段，随着流动性改善的预期，股市阶段性触底回升，小盘成长风格股票可能弹性更足。比如2019年年初、2022年5~7月的反弹行情，小盘成长风格股票的表现都不错。

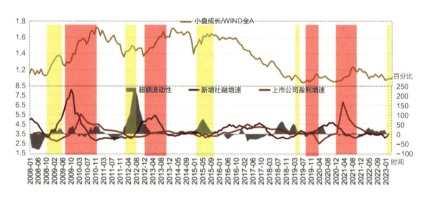

图4-8 小盘成长风格的驱动因素

资料来源：招商策略研究所。
注：小盘成长风格流动性驱动（黄色），小盘成长风格的盈利驱动（红色）。

另一种情景出现在社融增速不高，但是企业盈利还可以的情况下。简单来说，就是经济开始复苏，或者刚刚见顶，有回落苗头的时候。在这两个阶段，由于经济增长没那么强劲,场内增量资金不充足,无法产生合力,此时存量资金通常就会流入那些具有景气优势和盈利相对占优的行业。比如,在2013年和2021年,小盘成长风格股票表现得非常突出。

第四类:小盘价值风格。

小盘价值风格的特点在于其股票市值较小,不过和小盘成长风格相比,其股票在周期性行业中的权重更高。因此,小盘价值风格股票一般会在PPI升到相对高位,央行开始收缩流动性,经济周期接近尾声,市场感受到一定滞胀压力的时候有明显的占优表现(见图4-9)。

图4-9 小盘价值风格的驱动因素

资料来源:招商策略研究所。

短周期下的风格轮动规律

一般来说，在一轮经济短周期的运行过程中，市场风格往往会展现出轮动接力的效应。这是因为每种风格都有自身的驱动逻辑。随着经济周期进入不同阶段，当有利因素出现时，相应的风格就会展现出明显的优势。

比如，在一轮经济周期中，货币（流动性）、信用（社融）以及企业盈利之间，通常存在明显的传导过程。首先是流动性宽松，其次是社融需求的提升，最后反映在企业盈利的增加上。在传导的过程中，这些因素也会经历同方向向上、同方向向下、阶段错位或是方向不一致的情况。这些不同的阶段组合，往往催生了不同的风格表现期。

阶段1：泛成长阶段。

在这个阶段，企业盈利增速通常还没有转正，但货币政策率先开始宽松，市场流动性明显改善，社会融资规模触底回暖，但增速不高。在这个阶段，股市通常会从跌势中迎来拐点，小盘成长风格可能相对更占优势。这是因为，一方面，前期跌幅较大，小盘成长风格股票弹性更足；另一方面，场外流动性宽裕，但整体需求不足，场内增量资金不多，所以市值较小股票价格相对更容易被推高。2019年年初就处于这个阶段（见图4-10）。

图 4-10 泛成长阶段的市场风格轮动情况

资料来源：招商策略研究所。

阶段 2：顺周期阶段。

当经济进入明显的复苏期，社会融资规模增速大幅回升，企业盈利得到改善，但增速依旧不高时，大家对经济的信心显著增强，场内增量资金开始回归，大盘风格股票往往会在这个阶段跑出优势，部分资金可能会转向龙头股抱团取暖。在这种情况下，到底是大盘成长风格占优，还是大盘价值风格占优？这一方面取决于流动性情况。如果央行觉得经济没问题，通胀要起来，准备开始收紧流动性，那么，大盘价值风格可能会更有优势。而如果流动性持续宽松，大盘成长风格可能会跑得更好。另一方面，还要考虑产业趋势和政策方向。2020年，经济进入强复苏周期，流动性持续宽松，政策更加支持专精特新领域，成长风格股票景气度明显占优势。所以，大盘成长风格也在 2020 年一骑绝尘，创业板表现非常突出（见图 4-11）。

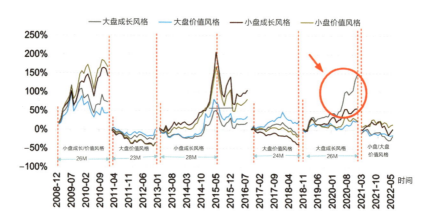

图 4-11　顺周期阶段的市场风格轮动情况

资料来源：招商策略研究所。

阶段 3：高盈利阶段。

在这一阶段，市场主要受基本面和情绪驱动，社会融资规模大幅回升后，有见顶回落的趋势，但企业盈利增速仍处于高位。此时，小盘风格股票凭借其低基数和业绩高弹性，可能会再度跑出优势。如果流动性已经恶化，那么小盘价值风格可能占优。如果流动性还不错，则小盘成长风格相对有优势。2021年年初，小盘成长风格逐渐接力大盘成长风格，开始跑出优势行情。到了 2021 年下半年，社会融资规模明显下行，流动性收紧，小盘价值风格的优势就更为凸显了（见图 4-12）。

图 4-12　高盈利阶段的市场风格轮动情况

资料来源：招商策略研究所。

阶段 4：主防御阶段。

在这一阶段，社会融资规模大幅下滑，企业盈利见顶回落，流动性呈现边际恶化的趋势，此时，市场很容易陷入戴维斯双杀⊖困境。大盘价值风格以其低估值、盈利分红稳定的特征，会表现出更强的防御力。即便市场普跌，大盘价值风格也会相对更抗跌一些。比如 2018 年和 2022 年，大盘价值风格明显跌幅更小（见图 4-13）。

当然，这只是在一轮短周期中风格轮动的理想情况。毕竟，影响宏观经济的因素非常多，影响投资风格的因素就更多

⊖ 戴维斯双杀：当一家公司业绩下滑时，随着每股收益下降，市场给予的估值也会下降，股价会因此遭受双重打击，这就叫戴维斯双杀。

了。在实际的周期运行过程中，经常会出现周期割裂或者不连续的情况。因此，对于短期风格的判断，往往会存在较高的不确定性。但是，了解不同风格的驱动逻辑，知道哪类风格在什么环境下更容易占优，至少可以帮助我们在市场出现明确信号的时候，提高策略调整的胜算。

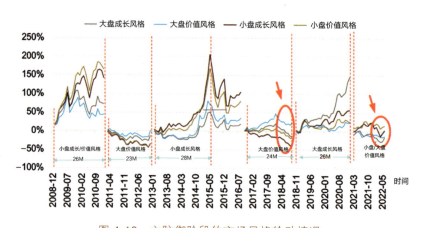

图 4-13　主防御阶段的市场风格轮动情况

资料来源：招商策略研究所。

影响成长和价值风格的因素

如果拉长周期来看，我们会发现 2010 年之后，成长和价值风格存在着明显的大周期切换规律（见图 4-14）。大体上，每隔 3 年左右的时间，成长和价值风格就会完成一次大级别的风格切换。

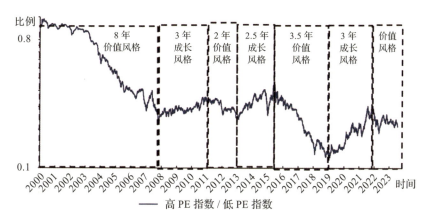

图 4-14　成长和价值风格轮动周期

资料来源：Wind.

比如，在 2010 年到 2012 年年底期间，价值风格优于成长风格，但并没有体现在上涨中，因为这几年处于熊市周期，所以体现在价值风格相对比较抗跌上。2013 年到 2015 年，市场迎来了成长股大牛市，中小板和创业板股价一飞冲天，成长风格开始占优，价值风格只在 2014 年年末短暂占优。尽管后来股市迎来普涨，但中小板和创业板的涨幅明显更大。2016 年到 2018 年年底，风格大周期再度切换，价值风格重新占据优势，中小板和创业板持续下跌，价值风格表现更好。不过在 2018 年，市场出现了普跌，但价值股明显跌幅更小，所以仍然处于价值风格周期。2019 年到 2021 年年底，风格大周期再次反转，这是一波非常明显的成长周期，中小板和创业板持续走强，创业板指数点位更是翻了 2 倍。2022 年之后，风格大周期又切换到了价值板块。

因此，我们可以看到，在长周期中，成长和价值风格的轮动特征还是非常显著的。大体来看，在经济景气度上升，市场进入牛市周期的时候，往往成长风格优势更为明显。而当经济景气度下滑，市场进入熊市周期的时候，价值风格通常会表现出优势。其实这也反映了成长风格股票和价值风格股票的不同特征。

一般来说，在经济繁荣的时候，成长型公司业绩弹性更大，投资者也更有信心。此时，投资者更在意的是公司的增长潜力，对价格和估值则不太关心，他们认为这些成长型公司可以保持高速增长，多高的估值未来都能化解。而当经济增速放缓，公司利润大幅下滑的时候，一切美好的预期开始破灭。由于此前市场对这些成长型公司有过高的期望，在如此大的预期落差之下，成长风格很容易让人失望，此时，投资者就会回过头寻找业绩确定性和稳定性更高的价值风格股票。等到下一次经济景气度再度上升的时候，看似美丽的故事又会重演一遍，如此循环往复，市场也就呈现出了风格周期的切换。

当然了，这只是我们看到的表象，中间也存在例外情况。在2016至2017年的牛市周期中，价值风格明显占优。那么，到底是什么因素在影响成长和价值风格的周期切换呢？

我们可以从三个维度分析大级别风格转换的胜率和赔率，这三个维度分别是：业绩优势、产业周期和货币因素。历史上每一轮大级别风格切换，往往都是在胜率和赔率双重占优的情况下，市场天平再均衡的过程。

业绩优势对于风格切换有着非常强的指示意义（见图4-15）。我们可以看到在2013到2015年，成长风格股票对应的公司业绩利润增速明显占优。在2016到2018年，成长和价值风格股票对应的公司业绩利润增速差迎来趋势性扭转，价值风格股票对应的公司盈利开始占优。在2019至2021年，成长风格再次占优。2022年之后，成长风格股票对应的公司业绩优势大幅下滑，市场再度回归价值风格。

图 4-15　成长相对价值的盈利趋势及走势

资料来源：海通证券研究所。

因此，我们可以观察到，微观盈利趋势是风格周期切换的核心变量。长周期来看，股价的决定性因素，始终都会回归到业绩层面。不过，对于业绩优势的判断，其实并不容易。到底是哪种风格会在未来具有盈利优势，我们通常是后知后觉的。

那么，如果我们想要预判业绩优势，提前行动，就必须再往前想一层：到底什么因素可以决定风格的盈利变动趋势？这就涉及第二个维度，那就是产业周期和政策导向。

中国的产业政策其实也存在着每2~3年的一次更迭。在更迭的过程中，政策导向会对不同风格的盈利起到牵引作用，从而影响成长和价值风格的相对业绩优势（见图4-16）。

2013年之后，随着智能手机和移动互联网浪潮爆发，产业政策明显偏向成长风格，大力促进战略新兴产业发展，包括设立创投基金和支持创业板并购重组。这些措施推动着成长风格股票对应的公司业绩不断向上，与价值风格股票对应的公司业绩情况拉开了明显差距。成长风格在2013到2015年也显著占优。只是在2014年年底，由于总量政策的刺激出现了短期的风格切换。但整体来说，这一短期切换并没有影响这轮成长风格周期的整体趋势。

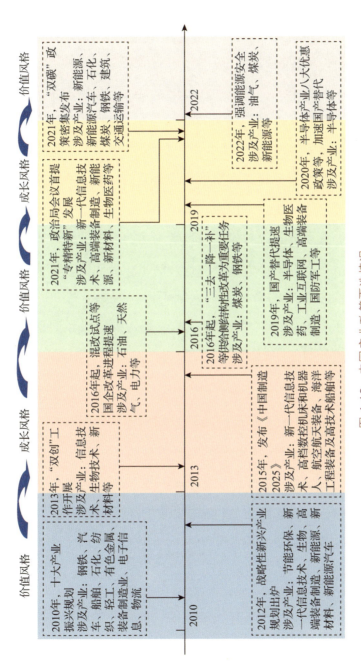

图 4-16 中国产业政策更迭情况

资料来源：广发证券发展研究中心。

2016 年之后，情况发生了逆转，成长风格股票对应的公司业绩相对价值风格股票对应的公司业绩增速差持续下行，成长风格自此迎来了三年熊市期，价值风格反而开始走牛。主要原因在于当时的产业政策主要支持价值风格股票对应的公司。2016 到 2018 年的主基调是供给侧结构性改革，产业政策更倾向于支持钢铁、煤炭、石油石化等行业的产能效率革新，并且在"一带一路"建设过程中，地产和基建也成了宽信用的载体。这给价值风格股票对应的公司带来了明显的业绩改善。反观成长风格这边，中小板和创业板并购重组被叫停，进而造成成长风格股票对应的公司业绩大幅下滑。因此，在 2017 年，A 股出现了一波中国"漂亮 50"的热潮，价值股和周期股大涨，代表成长的创业板反而在下跌。

2019 年之后，风格再次迎来反转。因为产业政策主要支持成长风格股票对应的公司。科创板设立和"房住不炒"大基调，形成了鲜明对比。这些产业政策更倾向于支持专精特新、高端制造、新能源以及半导体国产替代等不确定性高的成长性产业。绿色贷款和普惠贷款也都向以新能源为代表的新兴产业倾斜。这也预示着新兴产业开始走宽信用通道，而传统产业则陷入了信用紧缩。

仔细来看，每一轮成长风格大行情基本都有产业浪潮和技术革新的配合推动。2013 到 2015 年，4G 移动互联网兴起，

2019到2021年，则是国产替代和"双碳"背景下，引发的半导体和新能源行情。这些行情背后的核心驱动逻辑，主要是科技浪潮和产业政策扶持，这导致了相关板块渗透率的提升、销量的增加，或者用户量的增长，进而反映到板块业绩的爆发上。

除业绩优势和产业政策外，货币因素往往也会影响市场风格的表现（见图4-17）。货币因素可以通过市场利率来衡量。整体而言，我国十年期国债收益率对风格的影响并不是特别显著，大体呈现出利率上行、价值占优，利率下行、成长占优的规律，不过个别阶段也有例外。2016年之后，随着深港通的开通，美债实际利率反而与我们的成长风格呈现出明显的负相关性，甚至负相关系数高达0.91。

这一负相关性背后的逻辑，就是美债作为全球公认的无风险资产，其收益率快速攀升会增强其吸引力，进而引发大量资金回流美国，吸收全球流动性。这一现象对全球高估值风险资产造成负面影响。成长和价值风格之间的最大区别其实就反映在估值上，反映在大家到底还相不相信高成长可以化解高估值上。在美债利率下行期，美元开始流向全世界，全球货币环境宽松，大家都不缺钱，在这种情况下，一些成长型公司得到资金也相对更容易，比较有利于估值的提升。反之，在美债利率上行期，大量资金回流美国，全球市场都在争夺存量资金，那么资金往往就会先流入那些资产充足、抗风险能力更强的价值型公司，这就使成长型公司获得资金的难度加大，投资者风险偏好降低，进而导致股票估值回落。

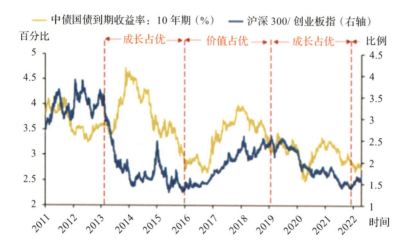

图 4-17　中美利率对市场风格的影响

资料来源：广发证券发展研究中心。

影响大盘和小盘风格的因素

相比于成长和价值的风格轮动,大盘和小盘风格的轮动特征虽然也在市场中有明显体现,但是相对来说更加难以预判。这是因为成长和价值风格的驱动力拆解比较容易,但大盘和小盘之间就没这么容易区分了。不过在某些时段,市场的宏观经济状况以及场内外的流动性环境,倒是可以给我们提供一些分析大盘和小盘风格占优规律的思路。

从结构上来看,无论是美股还是 A 股,都曾出现过多次市值风格的切换。美股的切换规律大体可以总结为温和增长和温和通胀。这一规律更有利于大盘蓝筹股表现,而在极端动荡年代,或者遇到危机事件之后,市场往往会阶段性切换到小盘行情(见图 4-18)。这主要是因为小盘股基数低,在一段时间内盈利修复弹性更大,或者在流动性过剩时,更容易被资金推动。另一种小盘股占优情况,就是受到产业政策或者贸易环境的影响,享受到了产业爆发的红利,从而迎来了"逆袭"机会。

A 股在过去 10 年中也发生过几次大级别的市值风格切换(见图 4-19)。在 2013 到 2015 年,随着移动互联网浪潮的爆发,小盘风格在多数时间更加占优。在 2016 到 2020 年,是比较明显的大盘风格优势期。2021 年之后,随着经济增速换挡,市值风格又切换回了小盘股。所以整体来看,有这么几个因素,可能会影响大盘和小盘的风格走势。

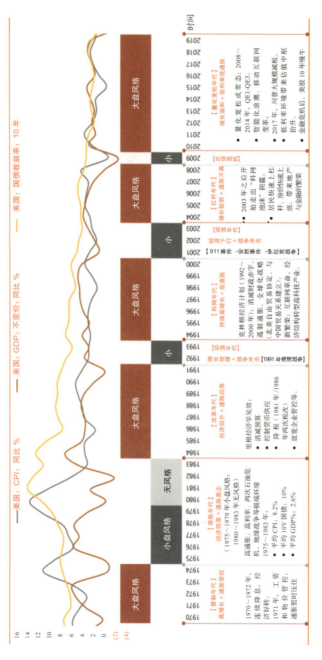

图 4-18 美国大盘和小盘风格轮动周期

资料来源：天风证券研究所。

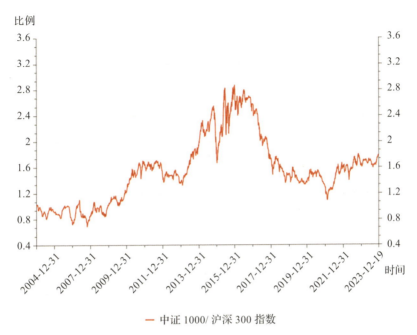

图 4-19 A 股市场大盘和小盘风格轮动现象

资料来源：Wind.

首先是经济因素。经济因素对市值风格产生影响的原因是增量资金。当经济处于强复苏周期的时候，大家信心都很足，国内机构资金和外资不断涌入市场，在市场增量资金充裕的情况下，大盘龙头股更能跑出优势。反之，当经济恢复缓慢，信用还没完全扩张，或者经济开始走弱，信用逐渐收缩时，由于场内增量资金不足，大盘股也很难被推起来，相对来说，中小盘风格可能更占优势。

一般来说，在经济明显走强的时候，公募基金往往会形成抱团效应，它们更偏向大盘风格。在2017到2020年，随着机构投资者占比上升，公募基金逐渐抱团。这一时期表现出来的一个特征就是公募基金的持仓集中度开始上升，重仓大盘蓝筹股。小盘风格在这段时期处于明显劣势。到了2021年，公募基金抱团瓦解之后，持股集中度开始下降，小盘风格也逐渐跑出了优势（见图4-20）。

图4-20　大盘相对小盘风格走势与投资者结构的关系

资料来源：Wind.

其次，大盘和小盘相对估值也会影响风格走势（见图4-21）。当大盘风格股票估值偏高的时候，往往容易触发市值风格的切换。2012年年末、2018年年末、2021年年初，几乎都是大盘风格股票的估值高位，达到了2倍标准差的位置。

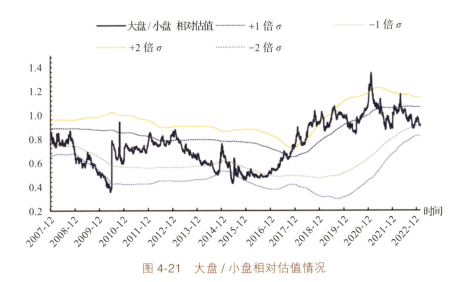

图 4-21 大盘/小盘相对估值情况

资料来源：Wind.

最后，有一个指标对于大盘和小盘风格演绎可能具有一定的前瞻性，这就是信用利差指标。它反映了市场对企业违约风险的评估。信用利差越高，说明市场倾向于更高的收益率来补偿信用风险。从常规逻辑来看，大企业的现金流和业绩通常更稳定，而小企业可能现金流相对不足，比较依赖外部融资。所以，当信用利差上行的时候，对小企业也会更不利，市值风格更容易表现为大盘股占优。相对来说，信用利差下行期比较有利于小盘风格的表现。比如，在2021年2月，市值风格转向小盘，信用利差其实在1月就已经转头向下了。在2022年年末，市场出现了一波超跌反弹，大盘风格明显占优，我们看到信用利差在这期间也出现了明显反弹（见图4-22）。

图 4-22 中债企业债（AA）与国债利差：5 年期

资料来源：萝卜投研。

综合来看，如果我们能掌握风格轮动的规律，就可以在多数时间里享受到净值的增长。大盘价值、大盘成长、小盘价值、小盘成长，我们只需要在这四个风格里面做选择。如果在这四个风格中难以做决定，那么可以选择其中的两个，或者只在成长与价值中选择一个。在这个前提下，以大类资产配置为基础，长期来看赚钱的概率非常高！远比你从 50 多个细分行业，5 000 多只股票中挑选投资标的容易得多。

| 第五章 |

红利策略、GARP策略和高景气策略

在介绍了成长、价值以及大盘和小盘风格轮动后，我们再来介绍另外三大类策略，分别是红利策略、GARP（Growth at a Reasonable Price）策略和高景气策略。这三大类策略都是长期有效的投资方法，也可以代表市场中的某一类股票风格。

但很可惜，它们之中没有任何一类策略可以"打满全场"。也就是说，没有哪种策略可以从头到尾一直有效，它们总会存在阶段生效和阶段失效的时刻。就好比在一年四季中，有些策略在"偏冷的季节"表现较好；有些策略在"春秋季节"更容易跑出优势；有些策略在"盛夏季节"才会表现突出。

也就是说，在一轮周期之中，三大策略之间往往也存在着轮动接力的规律。如果我们能选对策略，就可以在一轮周期中获得更高的超额收益。这就需要我们了解三大策略背后的选股逻辑、驱动因素,以及它们之间的轮动规律。从某种角度来说,这三大类策略,其实和成长、价值风格存在着较高的相关性。

红利策略

红利策略,也被称为狗股理论(Dogs of the Dow Strategy)。这是美国基金经理迈克尔·奥希金斯于1991年提出的一种投资策略。

这套策略的操作非常简单,就是投资者每年年底从道琼斯指数成分股中找出10只股息率最高的股票,然后在次年年初买入。一年后,再重新筛选出10只股息率最高的成分股,卖出手中不在新名单上的股票,买入新上榜的股票。每年年初和年底都重复这一套动作。奥希金斯用狗股理论进行了数据回测,从结果来看,狗股组合能够长期显著跑赢道琼斯指数。

杰里米·J.西格尔教授在其著作《投资者的未来》中,有过这样一组数据统计。他将标普500指数中的公司按照股息率分为五组,分别为股息率最低20%的公司、次低的20%、中间的20%、次高的20%、最高的20%。然后,每年进行一次重新分类,以此统计五组股息率组合在将近半个世纪以来的整体收益情况,结果非常惊人。

如果一名投资者，于 1957 年 12 月底在标普 500 指数上投资 1 000 美元，到 2003 年年底，他将获得 130 736 美元，年复合收益率为 11.18%；如果他购买的是股息率最高的组合，他将收获 462 750 美元，是标普 500 指数收益的 3 倍多，年复合收益率达到了 14.27%；如果购买的是股息率最低的股票组合，其收益将不到指数收益的一半（见图 5-1）。这也再次印证了红利策略的长期有效性。

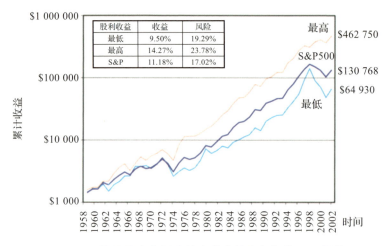

图 5-1　按照股息率划分的类基收益率与标普 500 指数

资料来源：《投资者的未来》。

为什么选择股息率作为筛选因子？简单说，是因为它代表的是"可以拿走的钱"！因为股息率通常反映的是上市公司的分红情况。持续稳定的高分红，往往也是一家公司优秀经营的体现，说明它经营稳定，赚到的利润是真金白银，而且还乐于回报股东。所以，这套策略就让股票投资变成了一种有现金流收入打底的投资方案。一家经营稳定，源源不断产生现金流的公司，自然会获得更多投资者的青睐，长期来看，股价大概率会不断上涨。这是红利策略长期跑赢市场的底层逻辑。

中证红利指数的特点

在 A 股，其实我们都不用自己构建狗股组合，直接用中证红利指数就可以了（见表 5-1）。中证红利指数，就是以沪深市场中现金股息率高、分红比较稳定且具有一定规模及流动性的 100 只股票为样本，按照过去三年的平均现金股息率，由高到低进行排名，并匹配权重，定期调整的指数。所以，中证红利指数就是 A 股市场高股息上市公司的整体表现。

表 5-1 中证红利指数简介

指数名称	中证红利指数（000922.CSI）
指数简介	中证红利指数从沪深市场中选取 100 只现金股息率高、分红较为稳定，并具有一定规模及流动性的上市公司证券作为指数样本，以反映沪深市场高股息率上市公司证券的整体表现
选样范围	中证全指指数样本空间中满足以下条件的沪深 A 股和红筹企业发行的存托凭证： （1）过去一年日均总市值排名在前 80%； （2）过去一年日均成交金额排名在前 80%； （3）过去三年连续现金分红且过去三年股利支付率的均值和过去一年股利支付率均大于 0 且小于 1
选样方法	对样本空间内的证券按照过去三年平均现金股息率由高到低排名，选取排名靠前的 100 只上市公司证券作为指数样本
加权方式	股息率加权

资料来源：中证红利指数编制方案 2022 年 10 月 | 版本号 V1.2

提到高股息率，大家可能会想到低估值的特征。从图 5-2 中我们可以看到，高股息风格和低估值风格的相关性确实很高，走势也非常相似。但仔细观察，我们会发现，高股息率风格的波动率要相对更低一些，长期收益的走势也更加稳健。

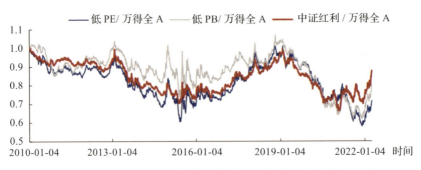

图 5-2　中证红利指数与低估值指数超额收益历史走势对比图

从中证红利指数的成分股中（见图 5-3），我们可以看到，低估值的银行和房地产板块，并不完全是红利指数的主要权重，还包含了大量的强周期行业板块，比如钢铁、煤炭、交通运输、建筑材料、基础化工等。

银行板块，属于长期股息率较高的行业。在熊市期，市场估值较低的情况下，银行业的股息率甚至可以达到 5%~6% 的水平。而钢铁、煤炭强周期行业主要与经济周期息息相关，一般来说，在一轮经济周期的末尾，强周期行业通常会体现出较好的盈利水平。那么，强周期行业的相关企业就会拿出更多的分红回馈股东，表现出高股息率的特征。中证红利指数也会因此把它们纳入其中。

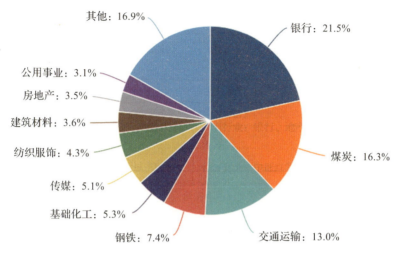

图 5-3　中证红利指数行业权重

资料来源：Wind，截至 2024 年 8 月。

所以，从持仓分布来看，红利策略其实并不等于低估值的逆周期防守策略，它还具备了一定的顺周期特点。可以说，红利策略具有金融"防御"和周期"进攻"的双重属性。

红利策略的表现周期

从过去 10 多年的历史表现来看，中证红利指数的回报明显高过沪深 300 指数，甚至跑赢了大部分宽基指数，而且优势非常显著，波动率也更低（见表 5-2）。所以，长期来看，红利策略的"性价比"还是比较高的，也就是说，投资者与其长期持有某一个宽基指数，不如长期持有中证红利指数。

表 5-2　中证红利指数与部分宽基指数收益风险表现

证券代码	证券简称	涨跌幅 %	收益率（年化）%	年化波动率 %	最大回撤 %	夏普比率（年化）%
H00922.CSI	中证红利全收益	131.72	6.38	21.87	−45.66	0.38
H00300.CSI	300 收益	24.49	1.63	25.94	−46.06	0.20
H00016.SH	50 收益	29.00	1.89	27.32	−43.80	0.24
H00905.CSI	500 收益	36.85	2.34	26.80	−64.14	0.16
881001.WI	万得全 A	51.45	3.10	25.68	−55.99	0.24

资料来源：Wind，数据统计区间：20100104 至 20231225。

可能有人会问，中证红利指数基金如何享受分红？其实股票的分红，都体现在基金的净值里。在基金投资中，如果我们选红利再投资的分红方式，长期下来，大概率还会获得更多的复利。

虽然中证红利指数长期跑赢了万得全 A 指数，但是如果我们分阶段来看的话，就会清晰地发现，红利策略也并不是一直表现很好，而是存在明显的失效时刻，甚至在某一阶段，可能会长时间落后于市场平均表现（见图 5-4）。

比如，2013~2015 年和 2019~2020 年，在这两轮较长的成长风格大牛市中，红利策略都严重跑输了市场，甚至被落下了一倍多的涨幅。对于投资者来说，在 2~3 年的时间里一直跑输市场，确实是非常煎熬的体验。

图 5-4　中证红利指数占优阶段划分

资料来源：Wind.

当然，红利策略也有明显占优的时刻。比如，在 2016～2017 年、2021 年以及 2023 年，均上演过高股息资产跑赢市场的行情。另外，在几轮熊市周期中，比如，2015 年的股市震荡，2018 年的熊市以及 2022 年的熊市，中证红利指数也都表现出了较强的防御属性。

纵观历次红利指数跑赢和跑输的阶段，我们可以总结出一个比较明显的规律。那就是：市场风格是否有利于金融地产或者周期制造行业将是把握高股息行情的重要线索！在弱周期的成长风格下，红利策略大概率会失效！

换句话说，红利策略的优势期，基本可以归为两类环境：

第一，市场盈利下行期。成长风格神话破灭后，市场走熊，或者在牛市初期，市场震荡调整，处于不确定的环境中，相对稳定的高股息红利策略往往会表现出较强的防御属性，被动获得超额收益。因为市场走熊多伴有投资者信心的崩溃，确定性的股息率就变成了唯一的抓手。

第二，市场盈利上行期。经济周期进入尾声，PPI拉升到高位，周期制造板块呈现出更高的业绩增速。此时，强周期行业占比较高的红利策略，往往又会表现出较强的进攻属性，主动发力获取超额收益。比如，2017年和2021年就是比较典型的周期尾声阶段，红利指数也在这段时间跑出了巨大的优势。

所以，红利策略的特征可以总结为：过热周期末尾的长矛，熊市后期、牛市初期等不确定环境中的厚盾。

如何使用红利策略

了解了红利策略的驱动逻辑和表现周期后，我们探讨如何运用红利策略，这里给大家提供三种思路：

思路一：长期持有。

通过上文的回测数据，我们可以发现，无论是美国市场还是中国市场，红利策略长期都跑赢了大盘指数，而且优势十分明显。所以长期看来，红利策略确实非常有价值。但是长期有价值，不代表红利策略任何时刻都能跑赢市场，甚至在某些阶段，2～3年的时间内，红利策略严重跑输了大盘指数。因此，这里的长期持有最好建立在10年周期以上，时间越久，红利策略的价值体现得才越明显。

思路二：择时使用。

通过上文的分析，我们得知，在一轮经济周期的末尾，或者一轮牛市的初始阶段，红利策略更容易占据优势。而在经济复苏周期，成长风格明显占优的时候，红利策略通常会跑输市场。

那么，我们就可以利用红利策略和成长风格的低相关性特征，在成长风格明显高估，伴有强周期来袭，经济周期运转到尾声阶段时，逐渐超配红利策略。在2021年下半年市场就出现了这样的特征。而在经济明显开始复苏，成长风格优势越来越凸显之后，我们就要降低红利策略的配置，去超配成长风格，比如2020年的市场环境就是如此。

当然，这非常考验投资者对周期的定位能力。所以我们说的红利策略和成长风格的切换，并不一定是完全卖出或完全买入，我们也可以同时持有两种风格的股票，通过改变比例的方式来调节，避免犯下严重的错误。比如，当市场周期不明确，股市不高不低，没把握的时候，那就红利策略和成长风格各持有一半。当发现周期明显转向复苏，成长风格不断上扬时，就逐渐减少红利指数，增加成长风格的配置。当发现经济过热，PPI 升到高位，二者背离过大时，再逐渐把比例降回来。我们可以在 2-8 和 8-2 的比例之间不断进行调整。

可能有人会说，我既把握不好风格周期，也不想做懒人，持有红利指数 10 年不动，怎么办？这就涉及第三种思路。

思路三：红利策略和成长风格各买一半，不去判断宏观周期，仅在二者比例偏离过大时做再平衡。

我们通过易方达创业板指数基金和大成中证红利指数基金，做了一个 5 年的相关性系数回测，可以看到，二者之间的相关性只有 0.63（见图 5-5）。所以，从长周期来看，把红利策略和成长风格组合在一起，能起到一定的风险对冲作用。

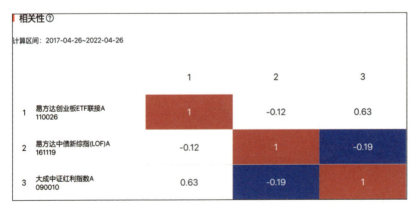

图 5-5　中证红利指数与成长风格及债券的相关性系数

资料来源：Wind.

比如，从近十年的回测数据来看，中证红利指数和创业板指数各占50%的组合，回报率几乎超过沪深300指数一倍（见图5-6）。可见，这套组合策略是相当有效的，特别是在成长风格表现不好的时候，红利风格会有效平抑组合波动。

图5-6　中证红利指数和创业板指数均配组合与沪深300指数走势对比

资料来源：韭圈儿。

GARP策略

如果说红利策略比较偏向于价值风格，高景气策略则更偏向成长风格，那么，GARP策略其实就是一种介于成长风格和价值风格之间的选股策略（见图5-7）。

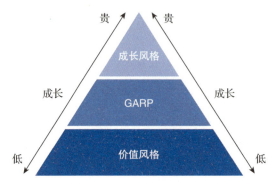

图5-7　GARP策略介于成长风格和价值风格之间

GARP的全称是Growth at a Reasonable Price，意思就是，用合理的价格买入具有成长潜力的公司。所以，GARP策略的特点就是兼顾价值风格和成长风格。

一般来说，成长性要放在首位，选出的公司先得有增长，其次也要注重为成长付出合理的价格。可以理解为，一方面利用股票的成长性，分享增长收益；另一方面利用价值型投资的标准，筛选低估值股票。

我们在讲成长风格和价值风格划分的时候提到过，一般市盈率估值保持在30倍以上的，可以归为成长股；估值长期低于30倍的，基本就属于价值股。有些人可能会问，那些估值在30倍上下波动的公司股票，属于什么风格？其实这些股票就是 GARP 策略考量的对象。目前来看，消费板块和制造业板块比较符合 GARP 策略的选股标的。

GARP 策略的代表人物，就是美国著名基金经理——彼得·林奇。他曾在 1977 年至 1990 年的 13 年时间里，将麦哲伦基金资产规模提升了 770 多倍，资产从 1 800 万美元增至 140 亿美元，年化收益率高达 29%。因此，彼得·林奇也被誉为全球最牛基金经理，而其在投资过程中所采用并倡导的选股方式，正是 GARP 策略。

如果深究彼得·林奇的选股标的，在 20 世纪 80 年代给他贡献出傲人战绩的股票，主要就是可选消费类公司股票。彼时，正赶上美国走出大通胀的阴霾，经济迎来了一轮明显复苏期。在复苏周期下，大家的钱包越来越鼓，消费板块也迎来了最佳表现期。彼得·林奇也算是踩中了时代的红利，足足吃到了一波消费板块的大贝塔行情⊖（见图 5-8）。

当然，之前我们也说过，没有任何一种策略可以打满全场。进入 20 世纪 90 年代之后，美股的演绎逻辑就开始发生转变了，市场贝塔行情逐渐转向科技股，消费板块超额收益明显下滑。所以，这么来看，也多亏彼得·林奇在 1990 年选择了退休，功成身退，留下了一个超神的战绩。20 世纪 90 年代

⊖ 贝塔行情，即市场中某个行业或板块表现强劲。

之后，假如还以 GARP 策略为选股逻辑，没准超神战绩真的就守不住了。

图 5-8　大消费时代中的彼得·林奇

GARP 策略关注的指标

指标 1：净利润增长率（G）。

GARP 策略选股的前提，首先是成长性，所以比较注重公司的净利润增长率。对于那些业绩增速常年保持在 10% 左右的低增长公司来说，比如银行、地产、公用事业类，这些板块的业绩想象空间并不大，所以 GARP 策略很少把它们纳入其中，这些板块更符合红利策略的选股标准。而那些看似高增长的公司，比如科技类板块，业绩增速能达到 50% 以上甚至更高。这些公司，通常也不是GARP策略的选股对象，GARP策略会对这些高预期增长率的公司持有谨慎态度。因为高增长率，往往意味着难以维持，没有一家公司可以始终以50%以上的速度成长，经常是1~2年时间，风口一过，业绩增速就会大幅下滑。所以GARP策略更加看重的是一个安全、现实且可持续的增长率水平，比如20%~30%，就是一个比较合理且不错的增长水平，很多好公司在长期成长的过程中，其实都可以稳定在这个增长率区间，最终也成为超级大牛股。

指标2：市盈率（PE）。

市盈率衡量的是公司估值水平。GARP策略的宗旨，就是用不太贵的价格买入具有成长潜力的公司。成长潜力，如果依靠净利润增速来评判，那么，不太贵的价格，就可以通过市盈率去考量。所以GARP策略对于市盈率的要求是数值通常不能太高，一般会低于市场平均值，也就是基本在30倍以下。

指标3：PEG比率（PE/G）。

PEG比率是GARP策略最为看重的指标，也是投资大师彼得·林奇推广的。说白了就是上面两个指标的比值，用市盈率除以净利润增长率（估值/业绩增速），严格意义上来说，应该是市盈率/（净利润增长率×100），以此来衡量投资的性价比。

一般认为，PEG指标如果小于1，说明公司具备投资价值，而且越小越好。PEG指标如果大于1，那么就要谨慎了，数值越大，往往意味着公司被高估得越多。

比如一只股票当前的市盈率为20倍，公司未来预期净利润增长率能够保持在20%。那么这只股票的PEG就是1。这表明市场给予这只股票的估值，可以充分反映其未来业绩的成长性，估值水平相对合理。而假如预期增速不变，该股票市盈率是10倍，PEG小于1，则暗示了现阶段的股票价格可能被低估，未来还有上涨空间，值得投资者关注。反之，该股票市盈率达到了40倍，PEG远大于1，这就说明公司的业绩成长性可能不足以支撑现阶段的估值水平，股价未来或许有较大的下跌隐患。所以，PEG指标的优势就在于既兼顾了价格，又兼顾了成长性。

用什么标的配置GARP策略

GARP策略选股，虽然听起来比较简单，但其实将成长型和价值型投资真正结合在一起使用，并不是一件容易的事情，关键难点就在于对企业盈利增长持续性的研究。过去企业可以保持20%的增长速度，但怎么能保证未来依旧是这个增长水平？这其实非常考验投资者对公司生意模式的把控和深度理解。一旦公司增长不是线性的，而是爆发式的，或者面临巨大波动，那么 PEG 的选股逻辑基本也就失效了。因此，GARP 策略一般选出来的股票，也多以弱周期公司为主，比较典型的就是消费板块。

在国内市场上，我们也不用非得按照 GARP 策略的逻辑筛选股票。其实很多基金基本就可以代表 GARP 策略风格了，这里可以给大家提供 4 种布局 GARP 策略风格的简单方式：

方式 1：利用消费主题基金。

消费类公司目前是最能代表 GARP 策略风格的板块，业绩通常比较稳定，能够保持一个不错的盈利增速水平，但又不会增长得特别离谱。彼得·林奇在成名年代，用 GARP 策略选出来的其实大部分也都是消费股。

方式 2：利用某些主动型基金。

市面上其实也有不少基金经理，是专门做 GARP 策略风格的。那么怎么识别这些基金经理？有一个简易的办法，就是看一看 2020 年 3 月份至 2021 年 2 月份，经济处于明显复苏周期时，哪些主动基金经理成绩特别突出。比如易方达基金的张坤、景顺长城基金的刘彦春，当时都跑出了傲人战绩，他们的主要选股逻辑其实就是 GARP 策略。另外，还有一些知名基金经理在自我简介中提到的投资理念是："先定性优质资产，再看估值是否合理""将企业成长性放在第一位，然后结合估值寻找最具性价比的个股"，诸如此类的描述，基本也都属于 GARP 策略风格的选股逻辑。

方式 3：利用沪深 300 指数增强基金。

指数增强的意思，简单说，就是在追踪被动指数的基础上，通过一些额外的因子优化，进行一定的主动选股策略，力争取得超越被动指数的收益率。这个额外的因子优化，在基金的投资策略中，通常都会注明。比如优化标准写着：a）预期未来两年盈利增长超过行业平均；b）近三年平均 ROE（净资产收益率）大于行业平均；c）综合考虑盈利情况，结合估值 PE、PB（市净率）等指标，寻找安全边际。这基本上就是 GARP 策略的逻辑。

方式 4：利用 MSCI 中国 A50 指数。

这个指数，其实主要是提供给外资的，以方便它们配置中国的优质公司。指数的编制逻辑，就是先从 11 个行业板块中，各自挑选权重最大的两只股票，再从母指数样本中，挑选剩余二十几个市值最大的个股。最后指数呈现出来的特征，其实就是高 ROE，因此消费和制造业板块居多，甚至可以说是一个"宁指数"⊖和"茅指数"⊖的混合体，代表了中国的核心资产。这些公司基本也可以反映出 GARP 策略的特点。

GARP 策略表现周期

GARP 策略的最佳表现期，一般会出现在什么时候呢？

通过研究 GARP 策略的选股逻辑，我们可以得知，其实目前消费板块最能代表 GARP 策略风格。所以我们基本可以通过观察消费板块的历史走势来分析 GARP 策略风格的表现周期。

从 A 股过去十几年的历史走势来看，消费板块其实长期表现不错，相比于其他行业来说，在一个长周期范围下，消费的走势相对稳定，基本是一条斜向上的曲线（见图 5-9）。而且我们身边那些耳熟能详的超级大牛股，其实大多都源于消费板块，这也跟我们过去 10 年消费升级的时代背景息息相关。

仔细观察的话，我们会发现，过往但凡有复苏周期的牛市行情，消费板块基本从来都没有错过，只是涨多涨少的问题。

⊖ 宁指数：得名于宁德时代，包含锂电、新能源、医美、CXO（医药外包）、AI（人工智能）、半导体以及先进制造等高成长性产业发展先锋方向的部分龙头公司。

⊖ 茅指数：是指以贵州茅台为向导，挑选出各行业的龙头企业编制的指数，主要指大市值的白马股，也就是被市场质疑的抱团股。这些股票通常在消费、医药、科技制造等领域，具有较强的成长性和技术实力。

图 5-9　消费风格长期收益走势以及消费风格相对万得全 A 走势

资料来源：Wind.

那么，什么情况下，消费板块的超额收益优势会比较明显？

可以看到，2010～2011年、2016～2017年以及2020年，在这三轮牛市行情下，消费板块相对于万得全A，都跑出了不错的超额收益。如果总结共性的话，可以归结为，这三轮牛市行情都处于经济较强劲复苏周期。反观2013～2015年，虽然也迎来了一轮牛市行情，但是这次明显是资金层面推动的市场行情。而经济复苏力度其实是比较弱的。所以，我们看到，消费板块的超额优势，就没那么明显了，包括2023年上半年，消费板块的表现也是比较疲弱的，主要就是因为经济复苏的力度太弱。那些做GARP策略风格的基金经理，在2023年上半年，业绩表现并不好。

因此，我们可以简单总结，GARP策略风格相对容易占优的表现周期，大概率是股市迎来牛市，同时配合经济强复苏的阶段。

那么，通过什么指标，可以判断经济强复苏、消费板块有占优的表现机会？这里大家可以观察3个指标：CPI、社零数据（社会消费品零售总额数据）和十年期国债收益率。这三个指标大幅拉升的阶段，消费板块通常表现都不错，进而使得GARP策略风格进入优势期，图5-10所示就是CPI抬升时消费风格占优的例子。

另外，在人民币明显升值、外资大幅集中流入的阶段，消费板块和GARP策略风格通常也会迎来催化因素，此时，GARP策略可能会进入一段优势表现期。因为外资持仓的主要偏好就是高ROE的消费板块以及一些高端制造业板块。比如，2022年11月至2023年1月末，就是这个市场特征。

GARP策略变种：PB-ROE模型

目前市面上，还有一种比较流行的基本面量化策略，叫PB-ROE选股模型。其实它也属于GARP策略的一个变种。

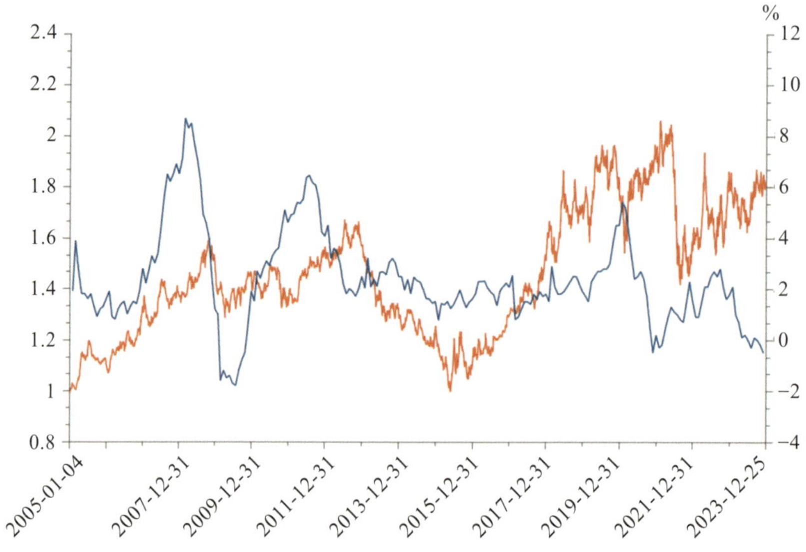

图 5-10 消费风格占优需要 CPI 抬升作为配合

资料来源：Wind.

GARP 策略主张"以合理的价格，买入具有一定成长性的股票"。PB-ROE 模型强调"在估值中枢相对稳定的行业中，挑选更具成长性的股票"。二者本质逻辑都是在价格风格和成长风格之间寻找最优性价比。

PB，即市净率，用来衡量公司的估值水平，PB 越低，说明估值越低。

ROE，即净资产收益率，用来衡量公司的盈利能力，代表企业基本面，ROE 越高，企业的盈利能力越强。

所谓 PB-ROE 模型，就是通过对全市场个股 PB 和 ROE 的分布进行分析，得出均衡水平，并借此找出低于均衡水平的低估值标的（见图 5-11）。因为从中长期来看，股票的估值水平会反映公司的盈利能力，即 PB 与 ROE 理论上应当呈正相关关系。但实际中，市场上经常会存在短期错配的情况。比如某些时刻，一些股票的 PB 值会明显低于其 ROE 对应的理论水平。那么，通过 PB-ROE 的分析框架，就可以帮助我们找出目前被市场低估的且有投资价值的股票。

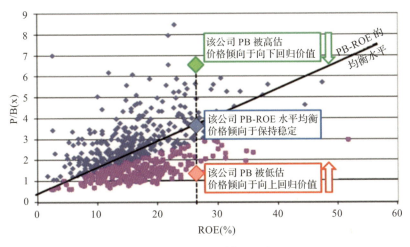

图 5-11　PB-ROE 模型示意图

从专业机构回测的数据来看，过去 10 年，通过 PB-ROE 模型筛选出的股票组合，确实跑出了巨大的超额收益优势（见图 5-12）。所以，这套选股逻辑肯定是一个长期有效的投资方式。

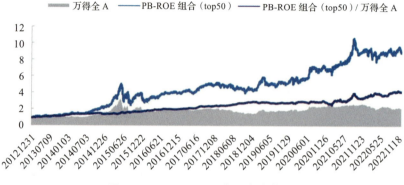

图 5-12　PB-ROE 组合历史走势图

资料来源：Wind.

不过 PB-ROE 模型，对于散户投资者来说，确实做起来比较麻烦。一方面，可能要不断调仓换股，时刻跟踪 PB 和 ROE 指标的变化趋势；另一方面，PB-ROE 模型也并不是机械地选股，因为有些企业短期的高 ROE 表现，并不能代表它的真实盈利能力，可能只是赶上了强周期，或者受到某些特殊因素影响，出现了昙花一现的表现。那么，此时如果盲目使用 PB-ROE 模型选股，很可能就会掉入"价值陷阱"。所以，专业机构通常都是在结合个股以及行业本身的基本面研究之上，再通过一些量化的方式，综合去运用 PB-ROE 策略。

作为普通投资者，我们要想投资 PB-ROE 策略风格，其实用上文给出的四大类布局 GARP 策略的方法，基本就可以实现了。

高景气策略

在专业投资机构中，经常会提到"景气度"这三个字。其实景气度，主要形容的就是行业板块的业绩优势，哪个板块业绩增速高，我们往往就会说，这个板块景气度相对比较高。

因此，高景气策略可以理解为：追求极致的成长风格，通过对行业基本面进行分析，判断行业景气度，挖掘未来业绩的高速增长点，挑选出大概率能实现盈利高增长的公司。

高景气策略基本聚焦的就是高估值和高成长赛道。目前来看，符合标准的公司，主要集中在科技领域，比如新能源、光伏设备、半导体等。这些高科技行业股票的股价在市场火热的时候，往往会被投资者的情绪推到高点，走出波澜壮阔的行情，表现出更大的价格弹性。当然，这些细分行业的表现周期也并不完全相同。所以，把高景气策略做好，通常是我们拉开投资收益差距的主要方式。

从单一因子胜率来看，相比于股息率和市盈率选股，业绩增速的有效性明显更高一些（见图5-13）。什么意思？就是说，如果你每年年初都买入股息率最高，或者市盈率最低的股票组合，那么，全年下来，跑赢市场的平均概率，长期来看，其实也就50%多点。

扣非增速	2005	2006	2007	2008	2009	2010	2011	2012	2013	2014	2015	2016	2017	2018	2019	2020	2021
第1组(增速最高)	69.1%	71.7%	80.6%	57.5%	70.1%	64.6%	68.5%	72.6%	58.5%	57.7%	61.3%	58.0%	61.4%	63.5%	70.7%	71.3%	76.2%
第2组	63.8%	56.3%	68.4%	61.0%	69.9%	55.2%	65.5%	68.9%	55.8%	58.9%	61.1%	53.8%	49.0%	60.2%	58.2%	67.7%	70.1%
第3组	68.0%	59.8%	67.7%	67.1%	59.7%	52.8%	66.2%	69.8%	62.9%	56.0%	59.7%	53.1%	57.4%	67.2%	67.3%	69.4%	66.1%
第4组	66.1%	67.5%	56.0%	58.2%	65.4%	63.8%	49.2%	65.3%	61.8%	52.7%	46.9%	48.7%	53.7%	64.6%	65.6%	68.8%	60.8%
第5组	65.6%	65.1%	48.9%	54.8%	40.3%	56.4%	49.0%	53.3%	54.4%	44.6%	47.6%	47.6%	50.8%	59.2%	55.8%	55.9%	59.0%
第6组	59.2%	51.2%	39.1%	44.5%	37.3%	55.5%	43.9%	43.1%	56.7%	48.1%	37.3%	45.8%	46.8%	48.2%	50.6%	50.1%	44.0%
第7组	38.7%	43.7%	47.0%	43.2%	46.8%	57.1%	34.5%	44.0%	49.8%	44.2%	35.6%	44.8%	40.5%	45.6%	38.4%	40.3%	46.5%
第8组	27.2%	38.6%	42.1%	28.1%	52.3%	41.4%	34.5%	32.0%	35.0%	39.4%	39.1%	34.2%	28.5%	31.7%	34.4%	34.0%	35.9%
第9组	20.8%	26.2%	39.8%	33.6%	42.2%	32.9%	39.1%	24.4%	33.6%	38.2%	36.5%	37.8%	19.5%	30.7%	31.8%	29.0%	29.1%
第10组(增速最低)	16.1%	41.3%	53.4%	40.0%	47.7%	36.2%	33.7%	29.8%	32.9%	48.3%	36.1%	38.9%	22.6%	21.1%	34.8%	31.7%	34.3%

股息率	2005	2006	2007	2008	2009	2010	2011	2012	2013	2014	2015	2016	2017	2018	2019	2020	2021
第1组(股息率最高)	54.0%	54.3%	62.3%	64.3%	49.2%	38.0%	76.4%	50.8%	46.3%	64.0%	28.9%	64.3%	80.0%	77.3%	51.6%	49.4%	49.3%
第2组	63.3%	51.4%	57.4%	52.2%	64.1%	49.3%	64.8%	55.7%	52.3%	54.0%	34.9%	55.6%	66.8%	66.8%	55.8%	54.4%	50.5%
第3组	60.0%	54.3%	61.7%	56.5%	52.3%	42.3%	48.3%	45.8%	59.1%	49.4%	33.1%	48.5%	51.0%	56.6%	58.1%	57.5%	54.4%
第4组	69.4%	42.9%	49.2%	47.8%	34.4%	64.8%	50.0%	51.9%	52.3%	46.6%	38.2%	46.5%	50.8%	52.3%	56.0%	54.6%	56.8%
第5组	56.0%	62.3%	50.0%	49.3%	48.4%	38.6%	50.0%	48.1%	50.3%	44.8%	47.0%	47.6%	43.7%	55.8%	50.0%	60.2%	51.5%
第6组	61.2%	62.9%	36.1%	49.3%	50.8%	67.6%	57.3%	41.2%	55.0%	40.9%	43.4%	40.4%	35.5%	50.2%	47.8%	57.5%	49.5%
第7组	58.0%	45.7%	37.7%	37.7%	37.5%	59.2%	52.3%	38.9%	56.4%	47.5%	55.8%	42.4%	38.0%	45.5%	54.7%	57.7%	48.9%
第8组	69.4%	58.6%	40.0%	44.9%	49.2%	64.8%	39.3%	43.5%	55.0%	43.6%	48.8%	38.2%	34.2%	40.7%	53.4%	61.3%	50.4%
第9组	56.0%	65.7%	47.5%	40.6%	35.9%	64.8%	45.5%	49.6%	53.7%	38.7%	58.4%	32.4%	35.0%	45.9%	54.9%	52.1%	50.5%
第10组(股息率最低)	42.9%	52.2%	46.7%	33.3%	42.2%	54.3%	47.7%	51.1%	56.8%	39.9%	63.0%	32.4%	34.7%	37.3%	51.1%	48.5%	50.9%

年初PE	2005	2006	2007	2008	2009	2010	2011	2012	2013	2014	2015	2016	2017	2018	2019	2020	2021
第1组(PE最高)	35.7%	46.8%	51.9%	45.8%	51.7%	51.2%	44.1%	54.9%	41.0%	49.4%	56.9%	42.4%	33.9%	36.3%	52.1%	45.0%	52.7%
第2组	41.6%	48.8%	55.3%	46.2%	56.3%	59.4%	39.3%	42.2%	51.9%	48.8%	56.0%	33.5%	29.3%	40.2%	54.0%	55.6%	49.9%
第3组	46.4%	55.1%	41.7%	47.6%	39.1%	64.6%	48.5%	48.0%	61.9%	42.3%	56.7%	34.2%	28.5%	48.5%	54.3%	55.9%	47.1%
第4组	45.2%	54.0%	37.9%	51.7%	45.0%	58.4%	38.7%	47.1%	59.4%	41.3%	48.8%	37.1%	32.3%	50.1%	47.4%	58.6%	47.2%
第5组	54.4%	55.9%	47.7%	56.6%	47.7%	57.1%	43.4%	49.1%	58.6%	38.6%	49.0%	46.2%	36.2%	51.3%	54.8%	56.5%	55.1%
第6组	62.4%	52.8%	59.8%	50.0%	56.3%	53.7%	44.8%	39.5%	54.4%	42.7%	49.4%	48.7%	48.5%	49.4%	54.3%	58.3%	52.9%
第7组	57.9%	55.6%	50.0%	44.1%	60.3%	41.6%	50.5%	43.9%	61.1%	45.4%	34.5%	50.9%	54.7%	49.0%	51.7%	58.3%	56.0%
第8组	56.0%	51.2%	65.9%	50.3%	55.6%	26.9%	51.0%	52.0%	41.8%	53.3%	28.5%	52.0%	69.0%	55.3%	46.3%	46.5%	46.4%
第9组	56.0%	53.5%	69.7%	37.8%	59.6%	50.9%	70.1%	59.2%	29.3%	71.4%	29.4%	65.8%	67.8%	59.8%	43.5%	37.1%	62.3%
第10组(PE最低)	40.8%	50.0%	65.2%	48.3%	64.0%	56.5%	47.4%	64.1%	39.9%	55.0%	51.6%	52.0%	30.0%	51.9%	48.9%	46.8%	52.8%

图 5-13 A 股市场：业绩增速、股息率、年初 PE 分组与每组跑赢市场胜率对比图

资料来源：天风证券研究所。

但是如果买的是业绩增速比较高的组别，那么跑赢市场的概率基本可以达到 60%～70%。相反，买到业绩增速较低的组别，跑赢市场的概率也明显更低。业绩增速因子和跑赢市场概率之间的线性关系还是比较显著的。换句话说，在绝大多数年份中，我们在市场中取得的相对收益的高低其实通常取决于投资标的景气度的高低。

增长的五种类型

景气度的变化大致可以分为 5 种增长类型：

类型 1：加速增长型。

加速增长型不仅业绩增长得快（高于 30%），而且增速还在不断加快。

类型 2：持续高增长型。

持续高增长型的业绩增速基本可以维持在一个较高的区间，一般来说，30% 的增速是一道"关卡"，高于 30% 的企业都可以称为高增长类型。

类型 3：减速增长型。

减速增长型是指虽然盈利在增长，但是业绩增速已经开始下滑。特别要注意的就是业绩增速从 30% 以上，回落到 30% 以下，这可能意味着该企业所在行业的风格发生了变化，此时通常会有一个股价的崩溃阶段。所以，当你发现一个行业出现业绩降速，并且从之前的高增长，降到 30% 以内的时候，就一定要小心了。

类型 4：低速增长型。

低速增长型一般指的就是业绩增速长期在 30% 以下的行业。

类型 5：困境反转型。

困境反转型指的就是之前遭遇了业绩大幅下滑，甚至出现了亏损，但因为某些因素，业绩增速迎来显著好转，和前期业绩形成了明显的反差。

那么，对于这些不同的增长类型，市场更青睐哪一种呢？

从历年的表现来看，加速增长型和持续高增长型的企业表现明显更强势一些（见图 5-14）。而且我们可以看到只要业绩增速能保持在 30% 以上，企业通常都会有不错的收益表现。不一定业绩增速最快、最高的表现就最好。这也是因为投资者对“出头鸟”的预期往往更高，一旦业绩不及预期，该股票反而比较危险。

增长类型		上一年增速(%)	本年增速(%)	增速变化	2005	2006	2007	2008	2009	2010	2011	2012	2013	2014	2015	2016	2017	2018	2019	2020	2021	平均
第1类 加速增长		>100	>100	加速	6.4	91.3	235.9	-55.3	194.3	27.3	-19.3	4.0	44.6	50.4	101.1	-10.0	-5.7	-29.2	40.3	27.2	26.2	***42.9***
		[50,100]	>50	加速	12.3	253.6	133.8	-54.0	156.2	6.8	-29.0	24.1	36.9	37.4	92.8	-12.6	-8.5	-31.6	44.1	43.6	42.1	***44.0***
		[30,50]	>30	加速	51.9	187.9	174.6	-50.7	183.4	8.2	-20.3	14.6	54.1	37.9	69.6	-16.2	-16.9	-14.5	47.2	18.9	44.0	***45.5***
第2类 持续增长		>100	>100	无要求	6.4	136.4	235.5	-55.3	164.2	20.5	-23.3	5.7	33.8	55.6	106.4	-10.4	-3.5	-29.2	33.9	26.2	35.3	***43.4***
		[50,100]	[50,100]	无要求	13.6	188.1	158.0	-55.9	123.9	16.8	-28.7	24.1	31.6	39.9	92.8	-11.4	-9.0	-29.2	44.1	33.7	45.5	***39.9***
		[30,50]	[30,50]	无要求	43.8	180.2	195.2	-55.4	119.4	16.8	-20.8	15.6	52.9	28.2	66.9	-13.3	-4.0	-15.6	48.4	19.6	29.2	***41.6***
第3类 减速增长	降0~1/3	>60	>40	减速	-0.4	143.3	206.4	-57.3	133.9	21.5	-27.9	22.6	23.5	45.7	87.6	-10.7	-3.7	-27.8	37.9	28.5	24.6	***38.1***
	降1/3~1/2	>60	>30	减速	3.6	135.8	179.4	-59.0	126.4	32.2	-24.9	16.5	39.7	62.8	108.9	-19.9	-9.6	-28.2	43.5	29.9	42.4	***40.0***
	降1/2~2/3	>60	>20	减速	-2.7	89.2	163.0	-54.0	122.3	5.4	-24.8	6.7	33.5	56.5	74.9	-13.0	-5.4	-32.6	42.3	14.1	18.1	***29.0***
	降2/3~1	>60	>0	减速	-12.1	94.9	182.1	-60.3	126.5	9.4	-33.7	4.6	16.1	47.4	78.8	-14.9	-14.5	-32.3	27.8	14.2	17.7	***26.6***
第4类 低速稳定		[20,30]	[20,30]	无要求	8.6	110.6	103.6	-61.8	89.1	15.8	-30.9	1.6	64.6	27.6	75.0	-10.4	-8.7	-22.3	36.7	23.7	17.0	***25.9***
		[10,20]	[10,20]	无要求	4.2	79.6	159.9	-63.4	85.1	15.0	-29.3	6.4	24.2	35.2	55.1	-12.3	-8.4	-28.5	27.4	10.9	5.1	***21.5***
		[0,10]	[0,10]	无要求	-14.0	54.3	136.9	-54.5	123.4	-2.7	-35.5	1.1	31.0	35.3	34.0	-11.1	-17.6	-28.4	14.8	0.7	5.6	***16.1***
第5类 困境反转		<-100	>200	加速	-3.4	85.3	230.8	-66.1	132.2	23.9	-26.1	0.3	15.2	46.9	70.7	-3.4	-13.7	-28.4	54.4	5.4	23.9	***32.2***
		<-100	>100	加速	-13.0	71.9	209.9	-61.0	151.3	7.4	-30.2	0.0	15.9	37.3	70.8	-9.0	-21.1	-29.6	23.8	12.9	20.9	***27.0***
		<-100	>50	加速	-17.1	63.4	188.9	-61.0	137.4	1.1	-30.5	0.0	12.0	40.9	70.7	-9.9	-23.4	-32.3	15.9	7.6	14.7	***22.3***

图 5-14 不同增长类型企业的胜率统计

资料来源：天风证券研究所。

相比之下，在这几种类型中，低速增长型企业基本是表现最差的。换句话说，长期来看，其实市场还是更偏向于成长风格，毕竟有增长才有希望。价值风格的作用，更多还是在于防守和避险。通常在整体盈利环境很差，市场信心不足时，大家才会把业绩稳定的价值风格当作抓手。

而困境反转型的超额收益，就要取决于业绩在困境时的反转程度了（见图 5-15）。一般来说，企业盈利的恢复程度起码也得达到之前正常水平的 120% 以上，才能获得相对不错的收益。最差的情况是，即使企业盈利有所改善，也应恢复到之前的 70%。否则，可能收益并不明显。

分组	利润恢复程度	2005	2006	2007	2008	2009	2010	2011	2012	2013	2014	2015	2016	2017	2018	2019	2020	平均
参照组	[50,100]	12.3	253.6	133.8	-54.0	156.2	6.8	-29.0	24.1	36.9	37.4	92.8	-12.6	-8.5	-31.6	44.1	43.6	44.0
第1组	>500%	-17.8	101.5	248.7	-44.8	196.3	-1.1	-11.8	0.0	54.2	68.8	95.1	-4.3	-7.6	-19.2	36.8	27.2	45.1
第2组	200%~500%	-18.6	100.7	177.0	-64.4	180.2	22.5	-26.9	10.2	10.4	52.2	71.0	-5.9	-17.1	-25.8	32.9	18.5	32.3
第3组	150%~200%	-8.6	75.6	229.1	-54.5	168.9	6.3	-29.2	17.3	14.7	57.9	93.8	1.1	-18.1	-25.4	33.3	7.0	35.6
第4组	120%~150%	15.5	85.4	170.6	-64.1	165.4	20.7	-24.6	22.8	21.9	46.0	81.3	-10.3	-12.9	-31.7	50.4	9.8	34.1
第5组	100%~120%	-5.4	81.4	147.3	-49.1	128.7	3.9	-37.9	0.0	25.4	35.5	65.1	-7.6	-17.9	-31.8	40.7	33.7	25.8
第6组	90%~100%	-12.2	73.1	176.7	-61.5	112.0	3.5	-32.4	-2.3	27.3	39.8	93.5	-5.6	-9.6	-32.4	33.2	13.8	26.1
第7组	80%~90%	-9.3	69.1	142.9	-66.6	128.4	2.3	-32.2	-0.5	19.2	37.3	87.0	-14.7	-21.4	-30.5	24.5	23.0	22.4
第8组	70%~80%	-17.2	50.7	150.8	-61.4	162.5	21.7	-29.9	-0.3	27.9	54.0	68.9	-20.1	-8.7	-30.3	26.7	31.5	26.7
第9组	60%~70%	-26.3	66.0	139.1	-62.0	128.0	11.6	-38.4	-8.2	10.0	25.6	47.2	-15.5	-14.9	-21.1	33.5	5.2	17.5
第10组	50%~60%	-12.7	72.7	62.7	-63.5	174.6	12.4	-26.8	3.7	21.3	38.6	61.1	-16.8	-21.9	-21.3	7.2	10.8	18.9
第11组	30%~50%	-22.5	52.9	130.9	-66.9	139.3	29.5	-24.3	6.9	12.0	43.1	97.4	-8.6	-26.1	-31.6	16.1	13.2	22.6
第12组	10%~30%	-26.0	72.7	173.8	-58.2	138.2	-12.5	-32.1	-5.1	-1.7	43.7	50.1	-11.6	-34.6	-40.8	10.7	3.0	16.8

图 5-15　困境反转型公司的胜率统计

资料来源：天风证券研究所。

整体来看，困境反转型股票有时候确实赔率很高，尤其在估值底部，配合企业业绩改善，往往能够迎来戴维斯双击的大行情。但是，这种类型股票胜率明显不足，投资的节奏并不好把握。比如，早些年传媒板块始终在困境中挣扎，明显被低估。但直到 2023 年，随着人工智能概念的崛起，传媒板块才反转，这种趋势的扭转，确实不好预判。

最后再看看减速增长型的表现（见图 5-16）。从图中可以看到，企业业绩之前增速较高，第二年边际回落。但如果增速回落幅度不大，仍然能保持在 30% 以上，其实大概率还是会有超额收益表现的。不过这里也要注意，如果之前业绩增速基数特别高，比如之前增速能在 80% 以上，结果第二年直接掉到 30% 了。这种差距过大，降幅超过 50% 的，也要小心股价的大幅回落。这很可能是因为行业具有强周期属性，之前恰逢周期高点，业绩大增，结果周期一过，业绩就出现了大幅下滑。或者就是在之前业绩高增长时，市场预期太高，估值涨得过于离谱。一旦业绩增速降幅过大，市场预期就会大幅回落，估值大幅下杀。比如，2022 年的新能源板块就是典型案例。

降速增长	上一年增速(%)	本年增速(%)	增速降幅	2005	2006	2007	2008	2009	2010	2011	2012	2013	2014	2015	2016	2017	2018	2019	2020	2021	平均
参照组		[50,100]	不降	12.3	253.6	133.8	-54.0	156.2	6.8	-29.0	24.1	36.9	37.4	92.8	-12.6	-8.5	-31.6	44.1	43.6	42.1	44.0
第1组(降幅最低)	>50	>45	-10%~0%	-20.9	176.2	206.4	-18.8	153.6	22.6	-19.7	20.4	89.5	52.2	58.8	-2.2	-9.8	-27.3	51.5	38.1	3.7	45.5
第2组	>50	>40	-20%~-10%	-32.1	139.6	198.6	-55.8	184.3	12.9	-18.4	22.6	23.5	36.0	71.6	-7.9	14.2	13.0	33.0	28.5	45.1	39.1
第3组	>50	>35	-30%~-20%	13.4	251.4	185.4	-54.5	133.6	45.3	-27.6	28.7	12.6	38.6	120.1	-17.1	-4.4	-25.5	46.9	18.6	21.4	46.3
第4组	>50	>30	-40%~-30%	16.5	196.8	161.5	-58.9	141.4	24.9	-23.3	17.6	32.7	63.2	102.3	-7.7	-20.9	-25.7	48.5	35.3	19.3	42.6
第5组	>50	>25	-50%~-40%	2.7	113.2	181.4	-60.4	127.2	53.0	-29.2	12.4	43.1	59.0	80.9	-20.2	-4.8	-29.3	40.3	23.6	43.9	37.5
第6组	>50	>20	-60%~-50%	-8.3	143.8	158.6	-53.3	130.8	4.1	-25.6	7.1	32.1	61.6	71.4	-11.0	-6.0	-31.1	29.8	17.0	10.7	30.7
第7组	>50	>15	-70%~-60%	2.7	78.7	131.6	-49.9	119.3	12.1	-26.7	6.3	66.8	44.1	74.5	-10.9	-5.5	-35.5	48.3	6.9	14.0	28.0
第8组	>50	>10	-80%~-70%	0.1	94.9	200.2	-57.9	154.4	20.1	-35.6	10.2	33.0	40.5	87.5	-4.1	-15.8	-33.4	29.7	14.9	16.4	31.5
第9组	>50	>5	-90%~-80%	-16.1	112.6	184.1	-62.3	140.2	7.1	-36.9	2.4	16.0	46.2	78.8	-4.7	-12.0	-32.0	27.8	21.8	19.9	28.8
第10组(降幅最高)	>50	>0	-100%~-90%	-10.2	80.9	170.6	-60.8	111.1	7.3	-33.7	3.2	11.0	52.2	69.0	-21.2	-14.7	-32.0	23.8	9.9	14.9	22.4

图 5-16　减速增长型公司的胜率统计

资料来源：天风证券研究所。

高景气策略表现周期

因为高景气策略的特点是高估值、高成长,背后的企业基本都聚焦于科技赛道,所以,研究高景气策略的最佳表现期,其实就是研究科技赛道的表现周期。

通过对历史行情的复盘,我们可以发现,影响科技赛道行情的关键因素主要就在于两点:宏观经济环境和科技产业浪潮。

一般来说,在经济增速放缓,企业盈利明显处于下行周期的时候,高景气策略基本会失效,科技赛道往往会出现大幅杀估值的行情(见图5-17)。因为此时市场通常处于熊市,投资者信心不足,风险偏好极低,根本不会相信科技企业的"神话故事"。在这个阶段,随着投资者避险情绪不断升温,加上央行开始实施逆周期调节政策,以金融地产为代表的价值风格,包括红利策略,通常明显更占优势。也就是说,高景气策略要想有所表现,宏观经济环境起码不能太差,股市行情也得处于牛市周期或者有结构性行情才行。

另外,在本书第四章中我们也提到,每一轮科技赛道的大行情,基本都有新兴产业浪潮的配合推动(见图5-18)。比如,2010年的科技行情,是3G智能手机产业浪潮推动的;2013~2015年科技大行情,4G移动互联网兴起;2019~2021

年的科技行情，是在国产替代和"双碳"背景的作用下推动的。背后的核心驱动逻辑，就是科技浪潮带来的相关行业渗透率的提升、销量的提升，或者用户量的增加，进而反映到企业业绩的爆发。目前我们正在大力支持的数字经济和人工智能产业浪潮，很可能也会掀起新一轮科技股大行情。人工智能应用的普及，将会改变很多领域的用户习惯，进而带来相关企业销量和用户量的提升。

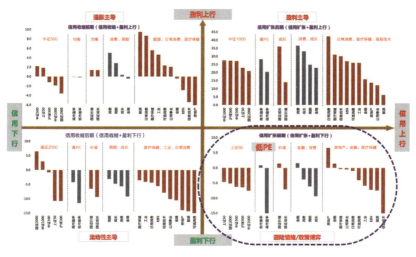

图5-17 经济增速放缓阶段高景气策略基本失效

资料来源：天风证券研究所。

综合宏观经济环境以及科技产业浪潮这两个关键因素，我们可以总结出以下几种情形。

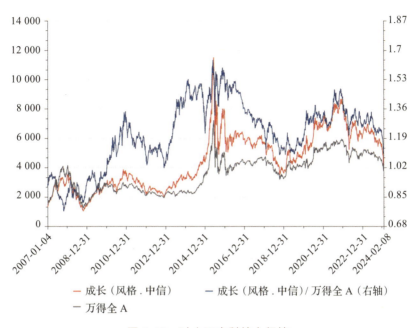

图 5-18 过去三次科技大行情

资料来源：Wind.

情形 1：经济弱复苏，但有科技产业浪潮的加持。

股市大概率会出现结构性行情。市场主线风格基本就会偏向跟产业周期密切相关的高景气、科技成长方向。比如，2013~2015 年的 TMT 行情，2019 年的半导体芯片行情和 2023 年的 TMT 行情。

情形 2：经济迎来强复苏，同时叠加了科技产业浪潮。

股市大概率会迎来普涨，高景气策略通常也会表现出较大的上涨弹性。但是，这个阶段的市场风格可能不会单一，

GARP 策略和高景气策略可能会并驾齐驱，甚至 GARP 策略表现得更突出一些，2020 年就是最典型的情况。

情形 3：经济迎来强复苏，但没有科技产业浪潮的加持。

股市大概率会出现牛市，不过市场风格可能会偏向跟政策扶持方向相关的传统价值、消费或者顺周期板块。在这种环境下，GARP 策略和红利策略可能表现得更为突出。比如 2016~2017 年的 A 股就是如此。

情形 4：经济增速放缓，市场处于熊市阶段。

高景气策略很可能会大幅下杀，红利策略相对抗跌，比如 2018 年和 2022 年。此时，我们应该远离高景气策略，尽量通过降低权益仓位，或者超配中证红利指数的方式，让自己进入防守状态。

用什么标的配置高景气策略

通过对高景气策略的分析，我们得知，它基本可以代表高估值、高成长的科技板块。那么，我们可以通过配置行业指数基金的方式来配置高景气策略。比如，新能源 ETF 基金、光伏 ETF 基金、半导体芯片 ETF 基金、TMT 主题基金等。不过，这些科技板块之间的驱动逻辑往往也有差异，可能会在不同的产业周期背景下走出较大的背离行情。

如果你搞不清楚具体哪个科技板块会爆发，我们可以再教你两个办法。

第一，投资半导体芯片 ETF 基金。因为半导体芯片基本上是大部分科技领域的上游参与者。生活中的各种电子科技产品，几乎都用得到半导体芯片。所以我们看到，历史上但凡有科技大行情的爆发，半导体芯片板块基本没有缺席过，它不一定是涨得最猛的，但至少不会让我们错过某段科技行情（见图 5-19）。

图 5-19 电子行业历史上的优势行情阶段

资料来源：Wind.

第二，除了用行业指数基金配置高景气策略，还有一种胜率更高的办法，那就是直接通过两个宽基指数（如创业板指数和科创50指数）均配的方式，来拟合高景气策略风格。

从行业分布来看（见图5-20），创业板指数和科创50指数具有一定的重合度，但创业板指数明显更偏向于新能源和医药领域，科创50指数则偏向于半导体芯片板块。相比于创业板指数，科创50指数市值更小，更突出科技创新、硬核科技，在行业上会更加聚焦一些。

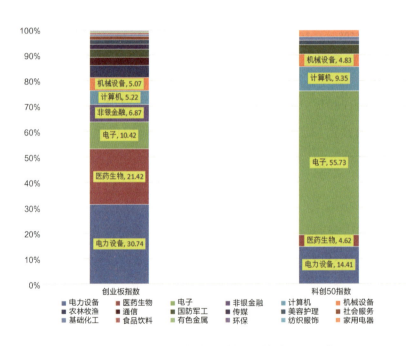

图5-20　创业板指数和科创50指数行业分布

资料来源：Wind申万一级行业，截至2023年12月25日。

三大策略风格轮动规律

了解了三大策略风格的底层选股逻辑之后，我们会发现，它们之间的驱动逻辑各不相同。红利策略的驱动因素是股息率，代表性的投资标的是中证红利指数基金。GARP策略的驱动因素是增长质量，代表性的投资标的是消费类主题基金。高景气策略的驱动因素是高成长性，之前的代表性投资标的是创业板指数，现在可能更贴近科创50指数和TMT行业指数。

在一轮行情周期的运行过程中，市场往往会在不同的阶段迎来不同的驱动逻辑。这和投资者的信心、宏观经济环境以及产业周期都有着密切的关系。这也意味着，没有哪种策略风格可以"打满全场"，有阶段占优的时期，就会有阶段失效的时期。

如果我们能够发现不同策略之间的表现规律，及时调整投资策略，把握住不同策略风格的表现周期，我们就可以提高股票的投资胜率，长期获得更高的超额收益。

在之前的讨论中，我们分别介绍了三大策略风格的表现周期，如果把它们做个汇总的话，我们会发现，三大策略风格之间通常存在着轮动接力效应（见图5-21）。

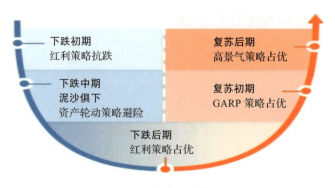

图 5-21　三大策略风格轮动示意图

一般来说,在市场刚开始下跌的时候,红利策略往往会表现出优势。这是因为在经济繁荣的顶点,通过股息率因子可以筛选出很多周期股,而周期股在股市刚开始下跌的时候,通常又会表现出足够的滞后性。也就是说,红利策略风格大概率要比沪深 300 指数见顶晚一些,甚至会走出截然相反的走势。所以,在明知道市场被高估了,周期进入尾声了,但又不知道是不是顶部的情况下,我们可以把仓位往红利策略上挪一挪,这么做基本可以帮我们抗住市场的第一刀。而判断市场高估,周期进入尾声的标志就是社融、中长贷这些领先指标开始高位下滑,PPI、CPI 这些滞后指标拉升到高位。有朋友可能会问,为什么防守不直接用债券?原因就是我们对市场是否彻底走熊没那么确定。债券相当于只守不攻,而红利策略是偏重防守,但是依旧有一定的攻击力。

拿一只中证红利指数基金举例。在 2021 年 2 月,沪深

300 指数明显大幅回撤的时候,红利指数却仍然在创新高,直到 2021 年 9 月才见顶,足足比沪深 300 指数晚了 7 个月,这其实就给我们争取了足够的时间逃顶(见图 5-22)。

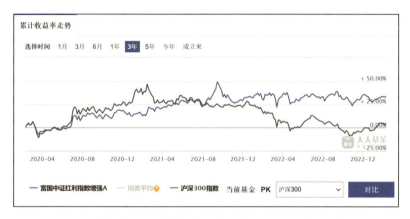

图 5-22　富国中证红利指数增强基金与沪深 300 指数走势(1)

资料来源:天天基金。

随后在 2022 年的下跌行情当中,红利策略也依旧表现得不错,扛着没怎么下跌,相比整个股市的"稀里哗啦",红利策略绝对算十分"坚挺"的,整个 2022 年才跌了 3% 左右。红利策略在 2022 年其实主要有两波下跌,一次在 4 月,另一次在 10 月。这两波都是流动性造成的市场下跌,此时,红利策略的防御性也就失效了。

2018 年也是,在熊市的巨大下跌中,红利指数基金确实比沪深 300 指数跌得更少,但从绝对跌幅来看,也是挺大的(见图 5-23)。在这个阶段,如果求稳的话,我们最好通过资产轮动策略进行防守，也就是直接降低股票仓位，提高债券仓位。资产轮动策略在市场泥沙俱下、明显处于熊市的时候，要比风格轮动策略更有效果。

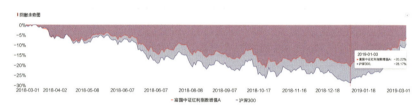

图 5-23　富国中证红利指数增强基金与沪深 300 指数走势（2）

资料来源：Wind。

经历了市场的波动和清洗后，在熊市的末尾，市场通常会迎来一个筑底阶段。在这段时期，红利策略很可能会继续表现出优势。一方面，市场刚经历完大跌，投资者信心比较脆弱，对经济复苏期待不高，那么此时高股息率就会成为投资者最依赖的抓手。比如，一些公用事业类股票往往会比整体市场率先触底，就是因为它们股息率较高。另一方面，在熊市尾声，市场利率通常也会降到低位，那么通过和债券收益率做对比，红利策略高股息率的优势就更加明显了。此外，这个阶段政策的逆周期调节，也会更有利于银行、地产等高股息率板块的表现。

2023 年，预期中的经济强复苏始终没有到来，市场整体处于一个筑底阶段，红利策略也在这段时间跑出了明显的优势行情（见图 5-24）。

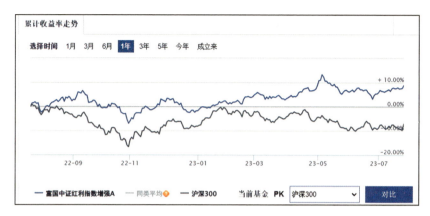

图 5-24　富国中证红利指数增强基金与沪深 300 指数走势（3）

资料来源：天天基金。

那么，什么时候红利策略会失效？逻辑很简单，就是经济进入明显复苏阶段之后，红利策略就基本跑不赢市场了。

2019 年 4 月之后，红利策略逐渐失效，原因就是宏观经济进入了复苏周期。2020 年之后，各项经济指标更是全面回暖，PMI 拉升、企业利润拉升、社融拉升、市场利率拉升，包括 PPI 也出现了底部反转，这就意味着经济开启强复苏模式，股市也迎来普涨。那么，随着投资者信心的恢复，股息率已经不能满足大家了。于是市场中的投资者又回到了成长风格，开始追逐增长更确定且有一定质地的高 ROE 企业，也就是这个时候要使用我们说的 GARP 策略。

易方达蓝筹精选混合基金用高 ROIC 模型选出来的公司，基本都是高质量的代表，整体 ROE 水平在 20% 以上，这个基金就是典型的 GARP 策略逻辑（见图 5-25）。在 2019 年 4 月至 2021 年 1 月期间，这只基金的收益率达到了恐怖的 190%。

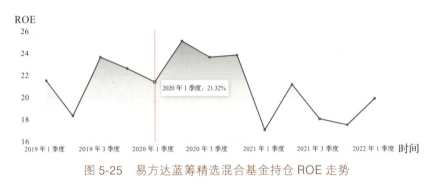

图 5-25　易方达蓝筹精选混合基金持仓 ROE 走势

资料来源：Wind.

当然，复苏周期一般也分强弱。在 2020 年这种强复苏周期，叠加新兴产业浪潮的情况下，除了 GARP 策略，高景气策略往往也会有比较好的表现。比如，创业板在 2020 年也跑出了不错的超额收益。而如果是在 2013 年这种弱复苏周期，同时伴有新兴产业浪潮的背景下，高景气策略可能会比 GARP 策略更有优势一些。

那么，GARP 策略又会在什么阶段失效呢？通过复盘 2019~2021 年的牛市行情，我们可以看到，在 2021 年 2 月之后，随着经济周期逐渐接近顶峰，社融开始下降，社零也开始下降，宏观基本面出现逆转，GARP 策略（用中证消费指数代表）基本就走到了极致，高 ROE 因子开始失效（见图 5-26）。

图 5-26　创业板指数、中证红利指数和中证消费指数走势

资料来源：Wind.

但此时，投资者的风险偏好并没有回落，反而进一步提升。大家对高 ROE 公司的预期愈加高涨。然而，消费板块中优质企业合理的业绩增速也就是 20%～30%，而在投资者情绪亢奋的阶段，这个增速也无法满足大家的预期了。于是，GARP 策略被抛弃，以白酒为代表的消费行情，在 2021 年 3 月戛然而止，投资者开始全面追逐更为纯粹的成长风格，也就是增速更快、景气度更高的赛道，这些企业基本集中于科技领域。高景气策略开始接管市场风格。所以在 2021 年，高景气、高成长的行业，几乎全面上涨，而它们的特点，就是高估值。

前海开源公用事业基金是 2021 年的基金之王，在这一波高景气策略暴涨的行情中，涨幅更是达到了 119%，比表现抢眼的创业板指数还要猛烈（见图 5-27）。从这只基金的持仓中，我们能看出，它的特点就是超高估值，持仓 PE 都高于100 倍了。这就是彻底的成长型驱动逻辑。

图 5-27　前海开源公用事业股票基金与创业板指数走势

资料来源：天天基金。

不过，市场风格一旦从 GARP 策略切换到高景气策略，基本也就意味着股市的整体行情行将结束。高景气策略风格最后疯狂演绎的阶段通常不会坚持太久，可能也就维持半年左右。但如果赶上特大牛市，这半年可能会带来很多收益。

疯狂过后，市场往往就要迎来暴跌了。而在下跌的过程中，甚至在下跌之前，我们会发现市场风格又会开始回到以中证红利、基建和银行为代表的高股息策略上，它们的防守能力在这个阶段会更加凸显（见图 5-28）。

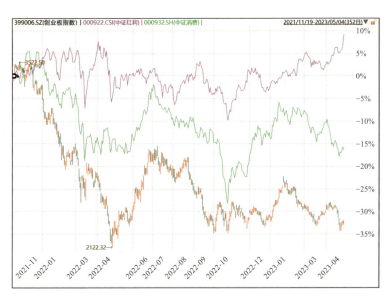

图 5-28　创业板指数、中证红利指数和中证消费指数走势

资料来源：Wind.

这就是市场三大策略的轮动规律。市场往往从红利策略风格起步，然后随着经济复苏，市场切换到大消费 GARP 策略风格，抓复苏逻辑和顺周期的机会。当顺周期行业估值和业绩不再匹配的时候，高成长高景气策略往往会把行情推向极致。与此同时，我们可以逐渐切换回红利策略风格，通过配置强周期行业抗住市场下跌的第一刀。红利策略有效的时候，就是我们逐渐降低股票权重的时候，此时要为后面市场的大跌做好准备。而在市场大跌之后的筑底阶段，红利策略依靠高股息率，往往又会重新占优，如此循环往复。所以，当我们看到一种策略风格特别有效之后，其实就要考虑用下一个策略风格做

布局了。

当然，这种轮动效应是从后视镜视角去观察的。很可惜，实际操作中我们不可能完美地抓住每一阶段的轮动机会，精准调仓换股，这是不现实的。毕竟影响市场风格的因素太多了，而且大多时候，我们很难精准定位周期，甚至市场预期也会在几个周期当中，来回横跳，导致风格表现无序。

因此，我们的策略配置理念其实就是不犯大错！在没把握的时候，我们就保持风格均配。等有确定性机会出现的时候，我们要做出仓位上的适当倾斜。比如，在红利策略的防守阶段，三大策略风格通过4∶3∶3或者5∶3∶2的仓位模型，超配红利策略。当我们意识到强复苏周期开始时，就转向GARP策略，用3∶4∶3或者2∶5∶3的仓位比例，去抓消费和成长的机会。如果发现宏观复苏力度较弱，那么就降低GARP策略比例，多配一些高景气科技成长，同时也攥住红利策略，摆出一定的防守姿势。而如果到了GARP策略情绪高涨的时候，我们也可以通过4∶2∶4的仓位模型，去抓最后的高景气机会。这样配置的好处就是大方向上至少不会犯致命性错误，即便判断失误，或者赶上一些突发事件，影响了市场行情，也不会对自己的配置产生太大影响，而一旦踩对了风格，还会获得不少超额收益，我们对市场的感知也会越来越敏锐。

对于不会判断策略风格周期的投资者来说，我们有一种懒人办法，那就是把红利策略、GARP策略、高景气策略进行均配，完全不做轮动，只做定期再平衡。比如，我们选择富国中证红利指数基金、易方达消费基金和创业板指数基金简单均配，搭配成一个组合。不做轮动的话，其实长期下来，组合收益和偏股混合型基金指数的回报是差不多的。也就是说，基本可以达到一个全市场主动管理基金的平均水平（见图5-29）。

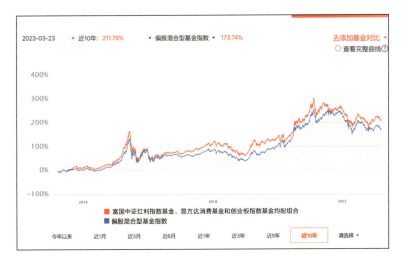

图5-29　红利指数基金、消费基金和创业板指数基金均配组合
　　　　与偏股混合型基金指数对比图

资料来源：韭圈儿。

但注意，这只是股票部分，实际操作时还要根据个人的风险偏好搭配债券或现金资产。如果你承担不了10%以上的损失，那么股票部分最好占比不要超过三成。如果能承担20%

的损失，那么股票部分占比可以提高到六成。

总之，这是一套胜率比较高的配置策略，但它确实不能让投资者一夜暴富。它更像是马拉松选手，在多次的牛熊转换之后才会体现出明显优势。这套策略适合稳健配置、有耐心长期持有、不急不躁的人。当然，投资本身，其实也不适合急脾气。

| 第六章 |

金融板块的投资逻辑

一轮周期下的行业轮动规律

上一章，我们深入探讨了三大策略风格。它们把成长和价值风格做了进一步细分。红利策略基本可以代表价值风格，高景气策略代表成长风格，而GARP策略介于成长风格和价值风格之间。如果在三大策略风格基础上继续往下拆分，想要把风格做得更精细，这就涉及行业板块。

一般来说，专业机构做投资的时候，习惯把行业板块分为四大类别，分别是：金融、科技、周期和消费。这四大板块基本涵盖了大部分细分行业。其实能把这几大类板块的轮动逻辑做明白，就非常了不起了，这远比投资那些冷门细分行业，胜算高得多。

根据大类资产轮动策略的投资原理，经济周期被划分为四个阶段：增速放缓、复苏、过热和滞胀，并且分别对应了四类适合投资的资产，即在增速放缓期，债券表现最佳；在复苏期，主要选择股票；在过热期，大宗商品通常涨得更猛；在滞胀期，就要多考虑用现金资产做防守了。而在这四个不同的经济阶段，行业板块之间往往也会有对应的表现，甚至产生一些类似资产轮动的接力效应。

第一阶段，当经济增速放缓时，资金需求减少，市场利率下行。央行在这个阶段往往会开启逆周期调节措施，施行货币宽松政策，释放流动性，从而推动市场利率进一步下降。原则上讲，此时股票市场整体应该还处于下跌趋势中，不过一些行业板块可能会因政策环境和流动性的改善率先有所表现。金融板块就是比较典型的逆周期行业，尤其是银行业。在周期底部，当政策开始拉动经济，不断释放利好时，银行业往往率先迎来机会，即便股价没有上涨，银行业的股票也会在这个阶段更加抗跌一些。由于银行业绩较为稳定，在熊市末尾的时候，往往会表现出较高的股息率特征，这在投资者信心不足的时候，成为一个吸引投资者的关键因素。所以，在熊市里买银行股票是比较安全的，至少比把钱存到银行收益率高。

另外，公用事业板块里的高速、港口、水利、电力、天然气等行业基本属于资本密集型，简单说就是靠"借钱为生"，所以对市场利率十分敏感。一旦市场利率下降，市场对这些行业的盈利预期就会发生明显转变，有助于业绩的提升。在经济增速放缓，市场利率不断走低时，我们可以多关注这些公用事业板块，当该板块的股价不再创新低时，说明股市快到底了。

第二阶段，当经济进入复苏期时，随着宏观环境的改善和工业的复苏，企业利润增加，资金需求增多，市场利率从底部抬升。随着居民就业机会增加，大家涨工资了，消费支出也开始增多。所以，这个阶段通常被认为是股票投资的黄金时期。

在这个阶段，最受益的可能就是科技板块和消费板块，周期板块也会蠢蠢欲动。科技板块上涨的必要条件之一，就是投资者风险偏好的回升。随着经济转好，大家信心得到恢复，投资者开始寻找那些有成长性的资产。不过这里需要注意，具备科技成长属性的细分行业非常多，到底谁会跑出更多的超额收益，这个可能和在当下的政策下谁最受益，谁的盈利增速最高，或者之前谁超跌的最多有关系。如果实在判断不出来，我们可以直接配置宽基指数，比如采用创业板指数和科创50指数均配的方式布局科技板块。

随着居民消费支出增加，日常消费和可选消费类，像食品饮料、家电等行业，通常也会有不错的表现。相对来说，前期更有优势的金融板块和公用事业板块涨幅就会偏弱了，因为这些行业的特点就是业绩稳定，但成长性不足，而当投资者风险偏好提升后，就会越来越关注增长率因子。所以，我们看到2010年之后，在牛市中，成长板块和消费板块弹性更大，只有在2016至2017年，在供给侧结构性改革的特殊背景下，金融板块跑出了一定的领先优势。

第三阶段，当经济进入过热期时，通胀指标开始拉升，市场利率也越涨越快。这个阶段的股市往往处于最后的疯狂期，周期板块通常会在这个阶段迎来大涨，比如钢铁、有色金属、煤炭等强周期原材料行业，都会有很强劲的表现，它们也被称为经济后周期的领导板块。与此同时，科技股可能也会在这个阶段大涨，这是因为在经济过热期，市场很容易出现情绪驱动性行情，大家都觉得经济很好，认为科技已经改变世界，价值股无法再编造玄幻故事解释股市，只能靠科技股上演科幻传奇了。所以，投资者一旦看到科技股大涨，或者"煤飞色舞"行情出现，就要考虑降低仓位，准备做防守了。在一轮牛市中，科技股往往是最后的推手，因为它们最具有想象空间，业绩增长起来也最快。所以，在市场情绪最亢奋的时候，大家更愿意去追逐这些高增长的板块。

第四阶段，当经济进入滞胀期时，通胀高企，央行大概率会采取紧缩手段来抑制通胀，市场利率触顶回落，经济也步下行通道，这就是明显的牛市结束信号，几乎所有股票都在下跌。保守型投资者，此时应该更多持有现金，或者降低股票仓位，增加债券仓位做防守。至此，经济周期也完成了一轮循环，当通胀指标回落，经济走弱到一定程度时，逆周期调节政策又会重新出台，金融板块会率先触底回升，新一轮经济周期开始运行，各大板块的轮动也在这种循环之间不断切换。

当然，这里我们讲的只是行业轮动的大体演绎逻辑，并非绝对逻辑，市场也不一定总按套路出牌。其实，把握行业轮动非常困难，在实际投资中，必须结合具体情况进行分析。千万不要抱着刻舟求剑的想法硬套行业轮动关系。这个市场并不是静态的，我们只有搞清楚行业板块背后的驱动逻辑，才能更好地应对动态的市场。接下来我们就逐个对每个大类行业板块进行更为细致的梳理，把逻辑了解清楚，这样即便猜不对行业风格，至少也能避开不少坑。

金融板块的分类

金融板块被称为 A 股中的"定海神针"。截至 2023 年年末，在上证指数和沪深 300 指数中，行业权重占比最大的部分就是金融板块（见图 6-1）。金融股一般具有高分红、业绩相对稳定的特点，长期投资可能带来不错的现金流。当然，金融板块中也有细分行业，不同行业之间的特性其实有所不同。

一般来说，在投资领域中，金融板块通常被细分为三个行业：银行、保险和证券。

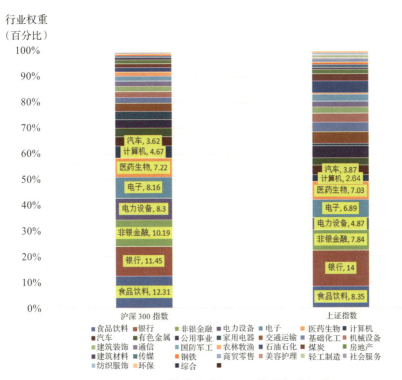

图 6-1　上证指数和沪深 300 指数行业权重

资料来源：Wind，截至 2023 年 12 月 25 日。

银行业的投资逻辑

相对来说，银行的金融属性最为纯粹。当我们提到金融板块时，通常最先想到的也是银行业。从 Wind 编制的金融行业指数图（见图 6-2）中，我们能够看到，银行占据了金融板块权重的半壁江山。

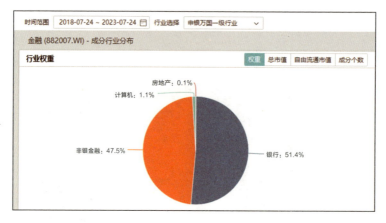

图 6-2　Wind 金融指数行业权重

资料来源：Wind.

银行业是一个非常古老的行业，生意模式很传统。如果按照类别划分，银行业可以分为国有商业银行、股份制商业银行、城市商业银行，以及农村和村镇商业银行。虽然银行业的划分类别较多，但其实它们之间最主要的区别还是股权结构和地理经营范围。在经济发展中，这些银行发挥的职能几乎是一样的，可以用六个字来概括，就是"两中介一创造"。

第一个中介，指的就是信用中介，这也是银行的立身之本，是银行最基础的职能，简单来说就是吸收存款，发放贷款。第二个中介，是支付中介，主要帮助各个企业做总会计和总出纳。而"一创造"，说的就是信用货币的创造职能。中央银行给商业银行派发基础货币，然后商业银行再将这些基础货币以成倍的系数转化成信用货币，派发给实体经济。

分析银行业，我们可以重点关注以下三个方面。

1. 放贷量。

贷款是银行收入的主要来源，发放出去的贷款越多，银行收入自然越好。从宏观层面来看，衡量贷款量的指标，我们可以重点关注社会融资规模。这个指标代表着全社会的信贷需求。一般来说，当政策开始刺激经济，社会融资触底反弹时，银行股可能会有不错的表现。

2. 净息差。

净息差，其实是一个收益率的概念，公式为：净息差＝（银行全部利息收入－银行全部利息支出）÷平均生息资产规模。这个概念有点类似实体企业中的毛利率，主要用来表示银行生息资产的收益率。

净息差主要和存贷款利率相关。一般来说，存款端利率变化幅度并不大，所以净息差的变动基本跟着贷款利率走。在央行降息的背景下，银行净息差整体是承压的。如果央行同时调降银行存款利率，那么，可以对银行净息差形成一定的保护。当然，贷款利率下降，通常也会刺激更多的贷款发放，有助于银行提升放贷量。因此，这部分也需要综合考量，相当于企业如果通过降价创造了更多销量，其实对利润也有积极作用。

3. 资产质量。

评估资产质量主要看银行不良贷款率、逾期贷款率和拨备覆盖率这三项指标。投资银行股的理想情况，就是不良贷款率开始下降，这表明银行经营情况转好，并开始增加拨备。随着拨备覆盖率的提高，银行抗风险能力不断增强，股价也开始上涨。如果你看到一家银行的拨备覆盖率逐渐提高，同时逾期贷款率和不良贷款率连续多年下降，那么这就是业务经营良好的表现，或许蕴藏着投资机会。

总的来看，A股市场的银行板块其实在多数时间里股价涨幅并不明显，相比其他行业波动较小，而且估值极低，甚至可以说是市盈率最低的行业。为什么这样一个盈利能力强的银行板块，市场给出的估值却很低，股价也不怎么大涨呢？

其实最主要的原因就是国内的银行业已经是一个充分竞争的行业，并且过了业绩快速增长的时期。而股市反映的恰恰是预期，并非事件本身，也就是说，公司现在赚多少钱不太重要，大家认为它未来比现在能赚更多的钱才重要。股价要想上涨，就必须让投资者看到未来的希望，看到公司的成长性才行。银行业虽然很赚钱，但利润增长的空间其实并不大，而且银行的业绩还很透明，业务模式大家基本都能看明白，这就很难让投资者有意外惊喜。因此我们看到，银行的估值倍数几乎常年保持在低位，股价通常也很难出现爆发式上涨。说白了，就是大家认为这个行业已经没有太多的成长性了。

但是,我们能说银行业没有什么投资价值了吗?其实并非如此。

长期来看,银行指数竟然大幅跑赢了沪深 300 指数(见图 6-3)。这主要得益于银行业高股息、低估值、盈利稳定的特点。所以,在市场走熊的时候,银行板块通常会表现出更强的防御属性,比如 2011~2012 年、2018~2019 年,包括 2022 年,银行指数的回撤远比市场回撤小得多。

图 6-3 2005 年以来银行板块行情

资料来源:Wind.

在熊市末期和牛市初期，随着市场利率下行，固定收益资产收益率吸引力下降。相较之下，具备高股息率特征，并且有稳定业绩抓手的银行板块，在这个阶段，往往会受到市场更多的青睐。再加上一些逆周期调节政策，通常也会在这个阶段陆续出台。所以，银行板块的主要优势期，大概率会出现在熊市末期到牛市初期。

反之，当市场进入牛市，开启主升浪行情之后，银行板块的优势就没那么明显了。这并不是说银行股不会上涨，只是相比其他板块的股票，可能弹性没有那么大。此时，投资者风险偏好提升，往往会更加关注增长率因子，去寻找那些更有成长性的板块。所以，我们看到2010年之后的牛市，基本都是成长或消费板块弹性更大，只有2016至2017年，在供给侧结构性改革的特殊背景下，银行板块跑出了一些领先优势。

在估值方面，银行板块最关键的指标是PB（市净率）。从近10年银行板块的PB走势来看，整体估值水平是持续下降的，0.86倍PB大致处于中位数水平，机会值大概在0.64倍PB以下（见图6-4）。也就是说，当银行整体估值到0.64倍PB以下时，就算是一个比较便宜的位置了。如果此时对应的股息率也能有5%左右，那么安全边际就非常明显了。此时，我们可以采用定投策略慢慢布局，一般当牛市来临时，银行板块的PB可能会跟随市场涨到1倍左右，超过1倍就属于危险区间了。

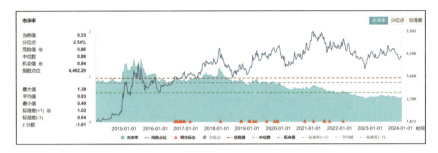

图 6-4　银行板块估值数据

资料来源：Wind.

在工具方面，市场上追踪银行板块的代表性指数之一是中证银行指数（399986），相对应的 ETF 基金也有不少。中证银行指数从银行板块中选股，基本上把所有的上市银行都包含在内了，但也不必担心它采取"大锅饭"式的平均分配，因为指数会根据因子对不同的银行股分配权重。

目前，中证银行指数的前十大成分股，其市值基本都在千亿以上，更有甚者达到万亿规模，都属于超大市值的股票（见图 6-5）。所以，这个指数的防御吸引力明显高于收益吸引力，换言之，买银行 ETF 基金的人其实更多是带着"防守目的"去投资的。当然，还有一些投资者是抱着每年吃股息的心态去投资银行股的，这种思路实际上也是可行的，但是要建立在长期投资和银行稳定分红的基础上。投资银行 ETF 基金，一样可以享受分红收益。一般来说，基金在收到持仓个股分红时，通常会把钱拿去做红利再投资，这些收益都会体现在基金净值走势中。

	代码	简称	权重
1	600036.SH	招商银行	15.7950%
2	601166.SH	兴业银行	10.1030%
3	601398.SH	工商银行	6.9720%
4	601328.SH	交通银行	6.6680%
5	000001.SZ	平安银行	4.9850%
6	601288.SH	农业银行	4.8190%
7	002142.SZ	宁波银行	4.8120%
8	600016.SH	民生银行	4.1610%
9	600919.SH	江苏银行	3.7380%
10	600000.SH	浦发银行	3.7210%

图 6-5　中证银行指数前十大成分股

资料来源：Wind.

以天弘中证银行指数基金为例，这只基金从 2015 年成立至今没有分过红，但从净值走势中可以看到，它明显跑赢了银行指数（见图 6-6），这多出来的收益，主要来源于股息分红。因为个股分红的钱被重新投入基金净资产中，只是这种收益需要一个较长的时间范围才能显现，短期之内我们很难看到特别明显的超额收益，毕竟这些股票一年也分不了几次红。

保险行业的投资逻辑

保险业务，简单来说，就是保险公司以风险共担为基础，通过收取一定的保险费用，为被保险人提供相应的保障。在保障期间，如果被保险人出现意外事故或者财产损失，保险公司将赔偿一定的金额，降低个人承担风险的压力。

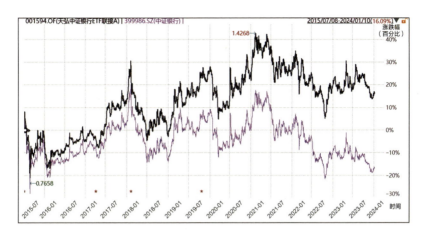

图 6-6　天弘中证银行指数基金和中证银行指数走势

资料来源：Wind.

在日常生活中，大部分人都接触过保险产品，而且保险产品的种类可以说是五花八门。虽然保险产品种类繁多，但其实保险公司的分类相对比较简单，基本分为两大类：一类是寿险公司，另一类是财险公司。寿险公司以销售保障型人身险为主，一般保单久期较长。而财险公司以销售财产险为主，一般车险能占到保费的 80% 左右，保单久期通常也比较短（见表 6-1）。

表 6-1　我国险种分类

	人身险	财产险
险种分类	人身寿险、意外健康险（一般 2 年以上）等	车险（交强险、商业车险）、意外健康险（一般 2 年以内）、企财险、家财险、责任险、货运险、农业险、信用保证险等

资料来源：浙商证券研究所。

保险公司的收入主要来自两大方面：保费收入和浮存金投资收益。

保费收入模式，简单来说，就是保险公司会接收众多客户的投保需求，但需要赔付的终究是少数。所以，只要保险公司赔付款支出始终小于保费收入，那么这两者之间形成的差额，就是保险公司的经营利润。保费收入属于保险公司的负债端业务。

浮存金投资收益模式，指的是保险公司在收到客户缴纳的保费后，由于大多数情况下客户不会立即发生理赔，甚至很多客户基本不会遇到什么风险，那么在没出风险的这段时间，客户缴纳的保费便成为保险公司账上的浮存金，保险公司可以利用这笔资金赚取投资收益。浮存金投资收益属于保险公司的资产端业务。大家买的一些年金险，可以返还收益，甚至返还本金的，乍一看既有保障功能，还能产生收益，挺不错的。但其实保险公司最喜欢的就是这种产品，因为他们可以用很便宜的价格长期占用你的资金。最后等真把钱返还给你的时候，他们赚到的投资收益已经远远大于回馈给你的利息了。

研究保险这个行业，核心就在于分析**资产端**和**负债端**的情况。从投资角度来看，我们可以重点关注以下几个指标。

1. PEV（市值/内含价值）。

EV（内含价值）是个清算价值的概念，在其他行业中，EV 相当于净资产，而在保险行业中，EV 还要加上有效业务价值。有效业务价值属于保险行业特有的一个概念，可以简单理解为保险公司未来利润的折现。因此，保险行业通常会用 PEV 指标进行估值，也就是市值/内含价值，类似于其他行业的 PB（市净率）。以 2022 年和 2023 年的数据为参考，A 股保险板块整体 PEV 数值显然处于历史低位（见图 6-7）。

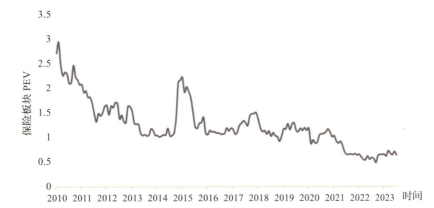

图 6-7　保险板块 PEV 走势

资料来源：Wind.

2. NBV（新业务价值）。

NBV（新业务价值）指的是保险公司新签保单在未来能创造价值的贴现值，这个指标可以反映保险公司的经营情况（见

图 6-8)。如果 NBV 指标出现明显抬升，就预示着保险公司负债端业务正在迎来改善。

图 6-8　主要上市保险公司近年来 NBV 情况

资料来源：开源证券研究所。

3. 十年期国债收益率。

如果说 PEV 指标和 NBV 指标反映的是保险公司负债端业务情况，那么，十年期国债收益率就和保险公司资产端业务息息相关了。十年期国债收益率也被视为市场利率，和债市行情高度相关。保险公司利用浮存金产生投资收益的重点领域，就是债券市场。由于保险公司资金规模庞大，投资债券基本都是长期持有，主要通过债券票息获取收益，并不会为了短期差价来回做交易，毕竟这么大的资金量，也没办法经常"折腾"。所以，当十年期国债收益率提升时，保险公司就可以买到更高票息的债券，这也有助于提升保险公司资产端的业务收益，中国平安市值和十年国债收益率的数据可作为同类参考（见图 6-9)。

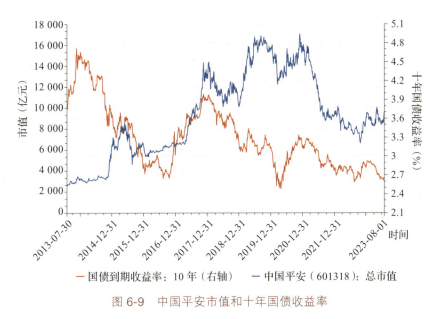

图 6-9 中国平安市值和十年国债收益率

资料来源：Wind.

4. 股票市场。

这个没有太多需要解释的，保险公司一般会拿出 10% 左右的浮存金投资股票。因此，股市行情的好转有利于提升保险公司资产端的业务收益。此外，股市涨了，保险股作为其中的一员，也会参与到行情之中。

综合来看，保险行业的超额收益行情，主要出现在基本面改善，并且配合股市和市场利率同步向上的双轮驱动下。当市场利率抬升，股市横盘震荡时，保险板块基本能够保持一定的优势，但如果市场利率开始下降，股市也没什么起色，那么保险板块大概率会跑输市场。当股市下行、市场利率也同步下行的时候，保险行业很可能会遭遇重创。2021年和2022年就出现了这种情况。

尽管同样属于金融板块，但保险股的防御属性，明显没有银行股那么强。如果说银行股更多倾向于逆周期表现，那么保险股其实更倾向于顺周期，而且它的进攻属性要比银行股强。

目前，A股市场中上市的保险公司并不多，只有6家，分别是中国平安、中国人保、中国太保、中国人寿、新华保险以及天茂集团。而天茂集团，其实也只是一个小控股公司而已，旗下控制着国华人寿保险，故而被划分到了保险板块。所以A股中真正的大型上市保险公司也就只有5家。

从长期视角来看，想要了解保险行业的增长潜力可以重点观察两个指标：保险深度和保险密度。

保险深度是指一个国家保费收入占国内生产总值（GDP）的比重，可以反映保险行业在国民经济中的地位。根据数据来看，20世纪以来我国的保险深度稳步提升，与世界平均水平的差距在逐渐缩小。但2018年之后，二者的差距又有所拉大，这也说明我国的保险市场仍具有发展空间。

保险密度指的就是人均保费，也就是每个人在保险产品上投入了多少资金。从2020年的数据来看，我国人均保费仅为

466美元,而全球平均值为809美元,差额依旧很大。由此可见,国内保险行业长期还是有很大成长空间的(见图6-10)。

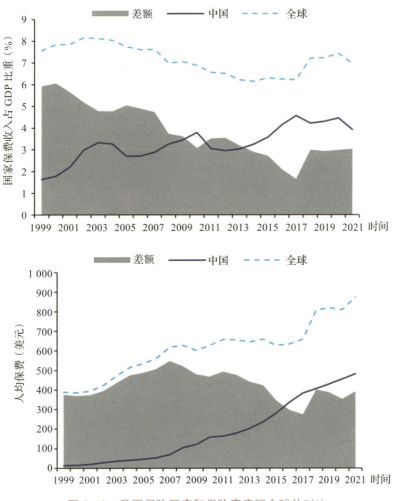

图6-10 我国保险深度和保险密度同全球的对比

资料来源:华泰研究。

证券行业的投资逻辑

证券行业主要由各大证券公司组成。投资证券行业和其他行业不太一样，投资者往往不怎么看估值，因为行情通常都是"一波流"，规律并不明显。往往在牛市预期比较强烈的时候，证券板块才会快速上涨。因此，投资者也习惯把证券板块当成牛市旗手来看待。

证券公司的基本业务主要有以下几类：

1. 经纪业务。

这是证券公司最基本的业务，包括买卖证券收取手续费、代销金融产品等。这部分收入可以从量、价两方面来看。量指的就是成交量，价指的就是佣金率，两者都是越高越好。不过近几年，券商的佣金率在持续下滑（见图6-11），已经从十年前的千分之一以上水平降到了现在的万分之二左右，相当于打了两折。也正是因为佣金率持续下降，经纪业务占券商总收入的比例从十年前的80%降到了现在的20%到30%。

2. 投行业务。

在国内，投行业务主要由证券公司承担。投行业务，简单来说，就是证券公司辅导企业上市（IPO），或者帮助企业发债融资，从中收取费用或佣金的业务，这块收入约占证券公司总收入的 10%。前几年正值 IPO 大年，大量企业在科创板上市，券商的投行业务也随之迅速增长。目前，投行业务已经成为证券公司的核心业务之一，很多其他业务也是从投行业务的基础上衍生出来的，比如资管业务、衍生品业务等。所以，投行业务也可以视为证券公司的立身之本。

图 6-11　证券行业佣金率

资料来源：Wind、中国证券业协会、HTI。

3. 自营业务。

随着券商盈利能力的提升，其积累的闲置资金也越来越多。自营业务，指的就是券商合理管理自有资金，通过投资赚取收益的业务。目前自营业务收入占券商总收入的比例已经达到了 30% 到 40%。在自营资金中，大概 80% 投向债券市场，剩下的投向股票市场。虽然投资股票市场的比例不高，但券商自营业务收入受股市影响依然很大。

近两年，很多证券公司业绩大幅亏损，主要就是因为股市不好，市场持续走熊，导致券商自营业务整体投资收益率下滑。所以这部分收入的波动性还是很大的，当股市行情好的时候，收益率就会很高，而当股市进入熊市期则会带来负收益。

4. 资管业务。

证券公司的资管业务，现阶段主要还是以持股基金公司为主，比如中信证券就持有很多华夏基金的股权，东方证券持有很多汇添富基金和东方红基金的股权，广发证券持有大量广发基金和易方达基金的股权。资管业务收入占证券公司总收入的比例在不同券商之间差距较大。另外，资管业务的收入体量，主要也和市场行情息息相关，当股市处于熊市时，公募基金发行额处于谷底，券商资管业务收入自然也是大幅下滑的。

5. 中介业务。

证券公司的中介业务主要包含两大类，融资融券和股票质押。由于这些业务在某种程度上和银行贷款有些相似，因此也被称为类贷款业务。证券公司不仅可以对外贷款，还可以贷出证券，这同样能够赚到利差。目前这部分业务占证券公司总收入的比例大概在10%。

了解了证券公司的盈利模式后，我们不难发现，证券公司业绩的核心驱动力，其实非常明确，就是市场行情！因为它所有的业务基本都跟市场挂钩，只要股市表现良好，投资者交易活跃，证券公司的各项业务几乎都能赚钱。经纪业务、自营业务、资管业务和中介业务，都会跟随市场行情水涨船高，而当市场不好的时候，这些业务基本就"抓瞎"了。这也解释了为什么证券板块行情规律并不显著，因为预测证券业绩爆发点，就相当于预测牛市什么时候出现。但预测牛市的概率又有多大呢？如果你真能把牛市预测准确，其实更应该去投资股指期货，而不是投资证券板块。

因此，我们一直认为，证券股并不是很好的投资标的，特别不适合左侧投资买入。如果想投资证券股，最好采用右侧交易策略，也就是平台突破后追击买入，但右侧交易错误信号的概率往往比较大，必须严格遵守交易纪律，相当考验人性（可参考第十章——右侧趋势追踪策略）。

从证券板块过往的行情走势来看，大牛市前夕可能会爆发一波行情，比如2014年年底的行情。但后面证券板块的大行情其实并不常见了，一个原因是全面大牛市很难出现，市场结构性行情特征逐渐凸显。另一个原因就是证券公司业务同质化比较严重，随着"分粥的和尚"越来越多，整个板块也就越来越难以全面上涨。

不过，有一些创新型互联网证券公司倒是不错的投资产品。它们不仅具备证券行业盈利逻辑，同时还兼具科技属性，甚至还能沾到 AI 概念的光，但主要投资逻辑还是更偏向证券行业。一般来说，在基金销售良好的时候，这种证券股通常会迎来上涨。所以，公募基金发行量和市场成交量可以成为观察的主要指标，市场情绪升温的过程，往往就是它们上涨的过程。投资这类证券股的优点，就是牛市里它们大概率会比大盘涨得更多，而且不用关注赛道和风格，只要有热点，市场成交量能放大，基本就能上涨。但缺点也很突出，一个是可能随时会被监管，爆出一些负面消息，存在较高的非系统性风险；另一个就是市场进入熊市的时候，你得及时退出来，否则这些证券股跌起来，也是非常惨烈的。

| 第七章 |

消费板块的
投资逻辑

消费板块,一直以来都被视为是最好的长期投资对象之一,因为这个板块孕育了许多超级大牛股。无论是中国股市还是美国股市,大家耳熟能详的大牛股多数出自这个领域,比如美国的可口可乐、雅培、喜诗糖果等,国内也不乏贵州茅台、格力电器、伊利股份等消费大牛股。

股神巴菲特的大部分持仓也偏消费类股票,而且一拿就是好几年,很少调仓换股。另一位投资大师彼得·林奇,基本也是靠投资消费股成就了"全球最牛基金经理"的称号。

所以,如果你实在不会选股,又特别想投资个股练练手,最好到消费板块里找一找那些你平时天天都在用且耳熟能详的品牌,然后等这个公司的股票出现一个好价格后买入,并耐心持有,长期下来,大概率会有不错的回报。

消费板块的分类

一般来说，消费板块可以分为两大类：主要消费和可选消费。

主要消费，就是平时日常生活中大家都离不开的消费品，国内基本指的就是食品饮料。提到食品饮料，大家可能第一个想到的就是白酒。的确，白酒板块属于消费板块里的"老大哥"，在主要消费指数中，白酒股几乎占据了一半以上的权重。可以说，过往食品饮料的大行情，本质上就是白酒股的行情。除此之外，还有一些食品类、乳制品、调味品等，这些都属于食品饮料范畴。

可选消费，指的就是日常生活中那些非必需的消费品。言外之意，就是可有可无，或者说可以有选择性的消费品，比如，家电、汽车等。

消费板块的投资逻辑

通过复盘消费板块的行情，我们可以看到，2008年之后，消费板块走出过三轮比较明显的超额收益行情，分别是2009至2011年、2016至2017年，以及2019至2021年（见图7-1）。

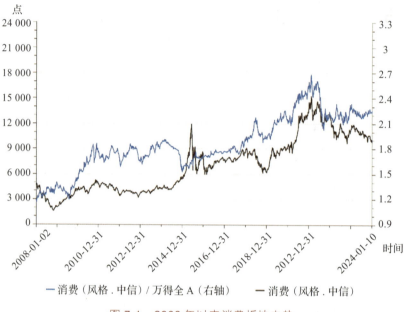

图 7-1　2008 年以来消费板块走势

资料来源：Wind.

2009 至 2011 年这轮消费行情，主要得益于政策和盈利的驱动。2008 年金融危机过后，我国出台了 4 万亿元投资计划，以及家电下乡、汽车下乡、十大产业振兴规划等。这一系列措施带来了巨大的财富效应，居民可支配收入显著提升，消费信心逐步修复，通胀整体进入上行通道。基建与地产板块率先受益，2009 年在各种促消费政策的推动下，汽车和家电成为当年最强势的板块，接着行情又向医药和白酒等板块扩散，需求彻底复苏，加上政策的支持，推动了消费这波大行情（见图 7-2）。

图 7-2　2006 至 2013 年 GDP、CPI、社零及消费板块相比万得全 A 的走势图

资料来源：Wind.

2016 至 2017 年，在供给侧结构性改革、消费升级，以及棚改货币化安置等因素的影响下，成本对盈利的传导效应显著，加上传统行业龙头集中度的提升，我国迎来了一轮"漂亮 50"行情（见图 7-3）。当时的市场风格也迎来长周期的切换，先是成长风格一飞冲天，紧接着成长风格回落，市场开始转向性价比较高的 GARP 策略，走出了以高 ROE 风格为主导的行情。而且这个时间段还有一个巨大的背景，就是资本市场互联互通机制的开通，北向资金（即从香港股市中流入内地股市的资金）开始持续流入，而北向资金配置的主要逻辑就是重视高 ROE 资产。

2019 至 2021 年，离我们最近的这波消费板块行情，一方面受益于经济回升、需求回暖，另一方面其实主要来自配置资金的抱团。2020 年，公募基金发行逐渐火爆，加上外资稳定流入，把蓝筹泡沫行情推向了高潮。食品饮料、医药生物等板块表现非常抢眼，甚至卖酱油的公司估值都快到 100 倍了，这显然是对业绩稳定的消费板块预期过高了。随后，消费行情也戛然而止（见图 7-4），迎来慢慢熊途。

图 7-3　2014 至 2019 年 GDP、CPI、社零及消费板块相比万得全 A 的走势图

资料来源：Wind.

图 7-4　2018 至 2022 年 GDP、CPI、社零及消费板块相比万得全 A 的走势图

资料来源：Wind.

通过对历史数据的复盘，我们认为，推动消费板块跑出优势行情的因素主要有以下几个：

第一，政策因素。宏观与产业刺激政策往往会对消费板块起到直接的提振作用。在经济不景气的时候，政府通常会出台一系列刺激措施，比如发放消费券，提供家电和汽车补贴等，帮助居民恢复消费潜力，进而推动消费行业基本面的改善。

第二，经济周期因素。一般来说，温和的通胀环境更容易带来消费业绩的提升，也就是说，经济的复苏期，其实是最有利于消费板块表现的环境。而复苏期常伴有的一个特征就是CPI底部抬升，不断上行，PPI与CPI的剪刀差不断收敛。PPI反映了上游原材料成本的变化，CPI反映了下游居民消费品价格变化。下游涨价，上游降价，那么消费公司的业绩就会逐渐改善。

第三，资金因素。这几年外资几乎成了A股的"资金之王"，外资大幅撤离的时候，很容易对市场的短期流动性造成冲击，所以现在北向资金对A股影响巨大。而北向资金最喜欢拿什么？其实就是高ROE的资产，其中消费板块占比最高。所以，北向资金大幅流入A股的过程，基本就是消费板块回升的过程。而北向资金大幅撤离，对消费板块行情也有不小的影响。

消费板块和社零数据的关系

我们还可以重点关注一个指标,就是社会消费品零售总额数据,简称"社零数据"。这个指标和消费板块行情息息相关。

社零数据,指的是企业通过交易出售的所有产品以及提供餐饮服务所获得的收入,这里包括了电商商品的零售额。社零数据是月度更新的高频数据,在每个月14~15日发布,反映消费品市场的总规模和变化趋势,居民的消费能力和意愿以及企业生意状况,尤其是那些下游消费企业。

从社零总额来看,在一年区间内,基本呈现两头高中间低的特征(见图7-5),也就是说,季节性变化很明显,这也算是我国消费品市场的一个特征。因为每年进入11月之后,会有一些重要的购物节日,比如双十一和双十二,以及元旦和春节,这些节日会极大地拉动社零数据。因此,在正常年份中,我们通常不看社零总额当月的绝对数值,而是更多关注同比数据,也就是社零当月总额和去年同期相比的变化,看看有没有发生边际改变。

消费板块的走势其实和社零同比数据高度相关(见图7-6)。

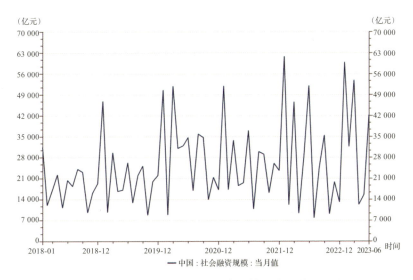

图 7-5 中国：社会融资规模：当月值

资料来源：Wind.

图 7-6 中国：社会消费品零售总额：当月同比和消费风格比较

资料来源：Wind.

从图 7-6 中能看出，2018 年到 2020 年年初，这期间社零同比数据变化不大，消费板块也并没有出现明显行情。而在 2020 年年初到 2021 年年初，伴随着经济回暖，这段时间社零总额同比数据大幅上升，消费板块也迎来了大行情，不少消费类基金净值收益都翻了一倍多。但是在 2021 年之后，社零总额同比数据开始大幅下滑，自此消费板块的牛市行情也就正式终结了。所以，消费板块行情和社零同比数据关联性极强。

那么，社零数据主要受什么因素影响呢？其实归根结底，还是经济周期。经济转好了，居民收入提高了，大家才更愿意多消费。我们也可以发现，过往但凡有复苏周期的牛市行情，消费板块基本没有缺席过，只是涨多涨少的问题。比如，2013 到 2015 年这轮复苏周期，由于力度比较弱，消费板块的优势没那么明显（见图 7-1），而在另外几轮强复苏周期中，消费板块其实涨得都不错。

白酒行业的格局和特点

在消费板块中，权重最大的就是白酒板块，它也是消费板块的"一哥"，甚至可以说，投消费股几乎就是投白酒股。从基金业绩角度来看，2019 至 2021 年年初的牛市行情，业绩最好的基金经理们几乎都布局了白酒行业（见图 7-7），这些基金经理甚至被基民搞成了"爱豆",基民自发组成后援团,以此来表达对基金经理的崇拜。但随后我们也都清楚,白酒行情在 2021 年年初戛然而止,开启了慢慢熊途,而这些之前靠白酒"封神"的基金经理们又成为基民口诛笔伐的对象。

那么,白酒行业到底有什么特点呢?

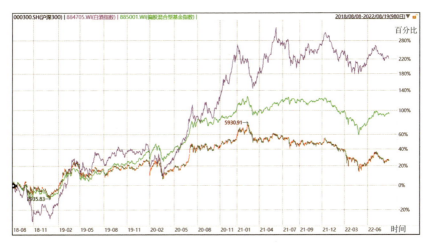

图 7-7　白酒指数、偏股混合基金指数、沪深 300 指数收益对比图

资料来源:Wind.

从宏观产业周期视角来看,白酒行业的历史大致可以分为三个阶段(见图 7-8)。

第一阶段:2003 至 2012 年。这是白酒板块量价齐升的十年。这段时间,白酒板块基本跟着宏观经济或地产周期走。从价格层面可以看到,2006 至 2007 年是白酒板块的第一个上升周期，2010至2012年是白酒板块的第二个上升周期。从产量层面来看，白酒板块行业指数几乎一直在向上抬升，整体产量在这个阶段上了一层楼。

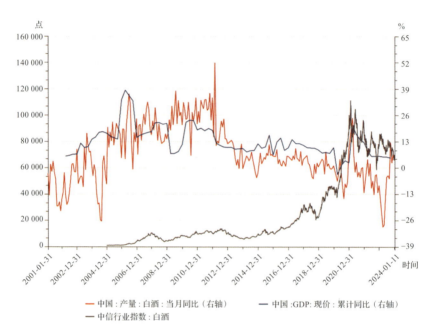

图7-8　中国白酒产量、白酒行业指数及GDP走势对比图

资料来源：Wind.

第二阶段：2013至2015年。由于此前白酒板块产生了价格泡沫，外加反腐倡廉的政策背景以及塑化剂问题的影响，白酒板块进入一段深度调整期。

第三阶段：2016至2021年。白酒需求转换为民间消费和商务消费。在这段时间里，白酒呈现出产量下降但价格提升的特征。2016年开始,茅台的批发价越来越高,而高端产品的提价也给次高端市场打开了空间。与此同时,酒鬼酒、舍得等酒企开始优化渠道,扩大招商引资,进入控量提价期。2018年,在需求下滑的背景下,白酒行业短暂回落,但2019年之后,白酒板块又重新回到上行轨道。

所以,从宏观视角来看,白酒板块基本遵循的就是消费板块的投资逻辑,只要在经济复苏周期,社零数据抬升,白酒企业业绩就会有所提升,进而推动股价上行。只是白酒板块的行情可能比较偏后,需要等居民的消费信心和收入的恢复。因此,一般到经济复苏后半程,或者经济复苏力度比较强劲的时候,白酒板块才会获得市场更多的青睐,而在经济复苏前半程,白酒板块大多只是估值修复阶段,持续性可能并不强。

从微观生意视角来看,白酒行业最大的特点就是经销商体系。简单说,就是白酒企业主要依靠一层层经销商来平滑自身业绩,以实现盈利稳定增长的目的。比如,在经济环境不好的时候,终端白酒不太好卖,但酒企仍然可以要求经销商先打款,提前确认自身业绩,然后再根据下游的动销情况安排发货。所以,酒企相当于把营销压力转移给了经销商,一级经销商再转移给二级经销商,这样一层层的传递,就让最上游的酒企业绩得到了一定保证。

当然,经销商体系其实也是一把双刃剑。经销商的囤货行为，往往也是影响未来白酒走势的一个重要因素。当下游销售量与消费量严重不匹配的时候，白酒价格就涨不动了。但如果酒企依然要求经销商先打款，那么为了缓解资金紧张，尽快回款，经销商很可能就会通过打折促销的方式清理库存，从而大幅压低白酒价格，进而影响酒企业绩。2023年，不少酒企就面临这种情况。

从白酒产业链上下游来看（见图7-9），上游主要是白酒的各种酿造原料供应方，供应包括酿酒原料（高粱、小麦、豌豆、玉米等）和包装设备（酒瓶、瓶盖、纸箱、标签等）。酿造原料的特点就是极其分散，市场上供应方较多，选择谁没有太大的区别。所以，白酒产业链的最上游，几乎没有什么定价权。

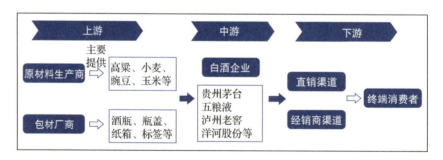

图 7-9　白酒产业链介绍

资料来源：东莞证券研究所。

白酒产业链的中游是生产制造的品牌方，也是整个链条中定价权最强的环节。按照白酒传统香型分类，一般有清香型、浓香型、酱香型以及其他香型。中游的强定价权主要体现在它们的毛利率上（见图7-10）。中游的整体毛利率水平基本在60%以上，高端白酒能达到80%，茅台更是夸张地超过90%，净利率基本也可以达到20%以上。另外，从现金流角度来说，经销商体系的运营模式，可以让很多品牌方先收款后发货，因此这些品牌方的现金流都相当充沛。

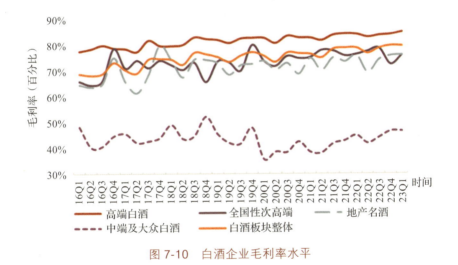

图7-10 白酒企业毛利率水平

资料来源：光大证券研究所。

白酒产业链的下游，基本就是各类渠道商和消费者，定价权也比较弱。下游的特点就是非常复杂，且辐射范围很广。不同渠道和经销商的议价能力也有差异，如果从客群角度来看，定价权相对比较强的是G端（政府），B端（企业）次之，C端（个人消费者）最弱。

从业绩和估值的角度来看，白酒企业基本都能维持每年10%以上的增长，龙头企业甚至能够达到20%以上，业绩增速相对还是比较稳定的。所以，可以用PEG这个指标对白酒板块进行估值。在2021年之前，市场对白酒行业预期极好，不少酒企的PE（市盈率）甚至一度达到60倍以上。也就是说，市场认为，这些酒企至少能以每年50%~60%的速度持续增长。但仔细想想也知道，这对于万亿级别的酒企来说，根本就是不现实的。因此，2021年之后，白酒板块估值泡沫破裂，遭遇了一波惨烈的戴维斯双杀（业绩和估值同时回落）。

家电行业的格局和特点

家电是居民生活中最大的终端消费品之一，家电行业是消费板块中重要的一分子。家电产业链是中国制造业中非常重要的链条。如果家电销售情况很差，整个产业链不转了，那么对经济的影响是非常大的。

家电行业的产品距离老百姓生活很近，比如电视机、空调、洗衣机、洗碗机、冰箱等。这些"大件"随着居民人均收入水平的提高，几乎成了每个家庭的必备用品。这也意味着家电行业市场空间巨大，消费潜力十足，相关企业可以充分利用规模化生产优势，降低单品价格，形成标准化产品。因此，这个行业也非常容易诞生巨头公司。

如果按照子行业分类,家电行业可以细分为:白电、黑电、小家电、厨电和清洁电器。

白电指的就是可以替代人们做家务及改善生活环境和提高物质生活水平的电器产品,主要包括空调、洗衣机、冰箱等。早年,这些家电大多拥有白色的外观,因此得名白电。白电的销售额大概占家电行业总销售额的一半,经过多年的起起落落,白电行业格局基本已经定型,美的集团和格力电器这两家公司的市值,几乎占据了白电行业的半壁江山。

市场上现在有种观点,认为白电公司虽然增速有限,市盈率较低,但行业格局比较稳定、变数少,而且还符合典型的业绩驱动逻辑。因此,投资者通常会把白电股当作长期研究和长期持有的对象。

白电行业表现周期,基本也同步于经济复苏周期,可能略微滞后一些。因为居民收入增长之后,才更有意愿购置大件家电,提高生活舒适度。所以,经常是经济复苏一段时间后,白电公司的业绩才会有所反映。

黑电一般指那些提供娱乐功能的家电产品,比如电视机、音响、游戏机、摄像机、照相机等,这些家电设备由于散热需求以及与电视产品的搭配,往往会被设计成黑色。于是人们习惯把这些娱乐休闲家电称为黑电。

相较于白电，黑电的行业格局就没那么理想了。这是一个较早达到饱和状态的行业，需求增长空间非常有限，而且产品同质化严重，利润还会被上游面板价格牵制，所以，整体来看，基本面比较差，并不值得投资者花精力去研究。

小家电，顾名思义，就是指体积较小的家用电器，比如电饭煲、电吹风、熨斗等。目前在小家电领域，市场份额占比较大的企业有苏泊尔、九阳股份以及美的集团。近几年小家电业绩最好的时期是2020年，当时伴随着经济回暖大背景，小家电线上销售占比提高，相关企业实现了业绩和估值的双重提升。但随着需求下滑，业绩增速也逐渐放缓，出现了戴维斯双杀的局面。整体来看，小家电的市场规模依旧很大，业绩爆发的关键，主要在于有爆款产品，从而刺激销量增长。比如前几年的空气炸锅和电蒸锅就属于爆款产品。

厨电指的就是厨房电器，主要包括油烟机、燃气灶、集成灶、消毒柜和洗碗机等。其中，集成灶的景气度比较高，而且目前渗透率还非常低。未来，随着集成灶逐步替代油烟机，其渗透率将继续上升，还是有不错的成长空间的，现在有不少厨电企业其实都瞄准了这个方向。

清洁电器也比较好理解，主要就是用于清理家务、打扫房间的电器,比如吸尘器、扫地机器人等。相比于小家电,清洁电器价格普遍更高一些,行业正处于成长阶段,但竞争格局也非常激烈,有点像最初的白电领域。比如扫地洗拖一体机,在电商网站上,按照销量排序,有的品牌产品可以卖到4 000多元,而有的品牌产品功能类似,却只卖1 000元。所以,清洁电器目前处于激烈的竞争中,毕竟这种产品技术壁垒不高,未来会有越来越多的企业入局,加剧行业竞争,相关产品也会面临降价冲击,陷入价格战,直到行业产能出清,几家公司脱颖而出,成为行业巨头。

综合来看,对于家电板块,投资者重点关注白电就可以了。因为白电企业的壁垒相对更高,竞争格局没有那么激烈,基本已经度过了"拼杀"阶段,实现了更高的行业集中度,巨头公司也非常好识别。另外,像空调这种白电产品,销售特征呈现出很强的季节性,基本就是夏天卖得多,冬天卖得少。供需错配现象的存在,使得淡季压货、旺季销售成为行业常态,销售业绩比较有规律可循。

家电的需求大概可以分为两大部分:新增需求和更新需求。

新增需求和居民购房以及住房竣工有关,毕竟买了房子肯定要置备家电,因此,家电也被称为地产后周期行业。地产销量大增之后,家电通常也会有一波行情,而当地产销售不畅时,家电行业也是承压的(见图7-11)。

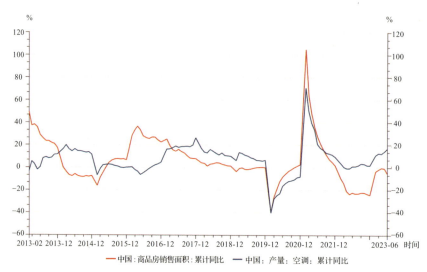

图 7-11 商品房销售面积和空调产量

资料来源：Wind.

更新需求，指的就是在存量需求的基础上，对家电产品进行更新换代或者加装新产品的需求。比如，之前家里只装了一个空调，随着收入水平的提高，生活水平的改善，几乎每个房间都开始装空调了，这就会拉动空调的销量。除此之外，家电公司也在不断研发新产品，引导换新、刺激消费，比如变频的空调替代传统空调，洗烘一体洗衣机逐渐替代滚筒洗衣机等。

除了需求端，成本端对家电业绩的影响也是十分巨大的。家电行业作为一个典型的中端制造业，其白色家电原材料成本占比甚至超过总成本的 80%，所以原材料价格变动也会极大影响家电的利润空间。一般来说，我们可以通过大宗商品中铜价的变化来评估家电行业的成本压力。由于家电制造过程中，通常需要大量的铜材料,所以铜价在某种意义上决定了家电行业的上游成本(见图7-12)。

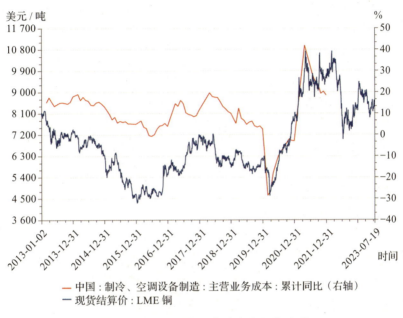

图 7-12 空调设备业务成本和铜价关系

资料来源:Wind.

综上,分析家电行业,既要关注宏观经济周期的变动,也要留意地产的销售状况,同时还要综合考量家电行业需求端以及成本端的变化情况。这里会存在一个剪刀差的概念,也就是说,我们要把家电行业下游价格变化和上游成本变化放在一起比较。当下游价格涨幅大于上游成本涨幅时,业绩处于上升趋势,而当下游成本涨幅大于上游价格涨幅时,业绩将受到压制。

| 第八章 |

周期板块的
投资逻辑

什么是周期板块

在投资中,我们可能经常会听到"顺周期""强周期"这样的术语。比如,投资者看好周期行情回归,看好"顺周期"和"强周期"板块的投资机会。那么,周期板块到底指的是什么呢?

所谓周期板块,就是那些经营业绩受经济周期影响非常大的企业股票的总称。这些企业,往往并不能稳定盈利,而是会随着经济周期的周而复始呈现出明显的周期性变化。简单来说,就是业绩时好时坏。在经济繁荣的时候,业绩可能一飞冲天;一旦经济遇冷,可能又会跌落谷底,甚至成为亏损王。

比较典型的周期性行业,大多集中在上游领域,比如钢铁、煤炭、有色金属、石油、化工、采掘等,这些资源类行业基本属于周期板块中的"第一梯队",是当之无愧的强周期行业。另外,一些中游制造行业,如机械设备、建筑材料、建筑装饰、交通运输等,也具备较强的周期属性,我们可以统称它们顺周期行业。

不难发现,这些行业其实都有一个比较明显的特征就是重资产经营。也就是说,企业要想开工生产,扩大产能,就需要投入大量资本。这也意味着,企业并不能灵活调整经营方向,毕竟"大船"掉头通常是比较费劲的。钢铁厂不可能为了生产几公斤钢铁,就让厂子把关掉的高炉重新开起来,这是不现实的,同时,重资产设备的维护也需要付出高额的成本。

只有当经济逐渐从复苏走向繁荣,上游资源品不断涨价,企业看到明确的盈利机会后,才会彻底释放产能。而且这些周期型企业为了追求利润最大化,在一轮周期的回归过程中,经常会盲目扩大生产。

为什么会盲目扩大生产呢?试想,假如你是一家钢铁厂的老板,当你感受到市场需求增加,或者看到钢铁价格不断攀升,隔壁钢铁厂赚得盆满钵满的时候,第一反应是什么呢?肯定是赶紧调动一切资源设备,加大马力生产,甚至继续增添新设备,开设新的生产线,趁着钢铁价格大涨多赚点钱。

这个想法和经营策略其实并没有问题。事实上,在一轮周期回归的过程中，周期型企业往往也会赚得盆满钵满。但问题在于，当越来越多的企业都这么想，都开始加大马力生产的时候，市场中的大宗商品供给量自然会被不断推高，企业库存也会不断增加。

然而，市场需求不可能没有天花板，当周期拐点出现，大宗商品供给逐渐大于需求的时候，企业就会发现市场中的买家正在逐渐减少，自己却还有大量库存没有消化，而重资产设备的维护成本依旧维持在高位。此时，大多数周期型企业为了把产品卖掉，进而覆盖设备维护和用工的成本，基本都会选择降价销售。当大家都这么想的时候，带来的结果，必然是产品价格快速下跌，企业盈利不断下滑，甚至开始出现亏损。一些企业会因为扛不住价格下跌而倒闭，市场产能逐渐出清。

直到有一天，需求回暖，行业产能到达低点后，产品供不应求了，这些周期型企业又会选择开工生产，周而复始。这就解释了，为什么周期型企业很难持续稳定地盈利。因为经济周期总在波峰和谷底之间不断震荡前行，并且周期型企业经营方向上的战略调整，基本都会滞后于经济周期的拐点。

周期板块的特征

正因为周期行业利润不稳定，所以周期型企业的股价走势基本也呈现明显的波动特征。因此，周期型企业并不适合长期投资，尤其对于一些强周期型企业。不要认为长期持有这些股票就能实现价值投资，长期持有强周期型企业的股票基本就是在反复坐过山车，性价比极低，不赚钱都算比较好的结果，一旦周期把握错误，高点追进去，很有可能会迎来"灭顶之灾"，甚至十几年都"解不了套"。所以，如果你对经济周期把握不清楚，最好不要碰周期股。市场中赚钱的机会很多，没有什么钱是我们必须要赚的，守住能力圈才是最重要的。

另外，周期型企业几乎是不看估值的，计算市盈率的意义并不大。因为这些企业的业绩始终呈周期性波动，好的时候非常好，差的时候又特别差，所以每股盈利变化很大，计算出的市盈率也就没有太大参考价值了。甚至对于一些强周期型企业的股票估值，我们有时还要反着看。也就是，在估值最低的时候，很可能是这些强周期型企业业绩最好的时刻，但它们的业绩又难以为继，达到峰值之后，通常会迎来大幅下滑。所以，估值低可能反而是个危险信号，说明周期行情要结束了。

周期板块的投资逻辑

一般来说，针对周期板块的投资，与其计算周期型企业的估值，不如直接去关注它们背后的基础资源品价格，分析基础资源品的供需和库存状况。

比如，你想买天齐锂业，那就要关注一下碳酸锂的价格；想投资云南铜业，就去看看伦敦铜的价格走势；想买山东黄金，那就留意一下金价。这些企业的股价和基础资源品的价格走势相关性很高，只要基础资源品价格上扬，股市又不是全面熊市，那么这些企业的股票通常会有不错的表现。

此外，我们还可以直接关注宏观周期的阶段。只要经济势头向上，甚至走向过热，那么这些周期型企业几乎都会随之上涨。而如果经济增速开始放缓，周期型企业的表现基本是比较惨淡的。

我们可以复盘一下过去10多年的周期行情，看看周期板块投资有什么规律可循。

回顾历史，除去短期的价格涨跌波动，自2005年至2021年9月，A股出现过五次典型的周期行情（见图8-1）。其中，2010年之前，周期行情的主导因素多是需求变化。而2010年之后，伴随着国内经济增速放缓，结构转型，增量需求下滑，供给变化更多成为周期行情的主导因素。

第一次周期行情出现在2005至2007年。当时国内GDP正在高速增长，涨幅为首的行业是煤炭、汽车、电力、银行和钢铁，这些行业在当时也被称为"五朵金花"（见图8-2），甚至在那个年代，银行也具备较强的周期属性。在此次周期行情中，有很多周期类个股，比如山西焦煤、海螺水泥、三一重工、山东黄金等的股价都迎来了暴涨，有二三十倍的涨幅。由于其股价涨幅之大和上涨持续时间之长，这次行情也被称为不可复制的强周期牛市。

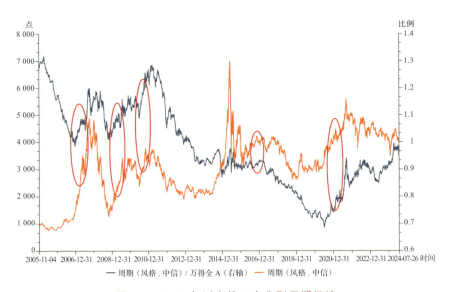

图 8-1　2005 年以来的五次典型周期行情

资料来源：Wind.

当时的强周期行情主要由需求主导，国内经济迎来了真正的繁荣，GDP 同比增速达到了 14.2%。伴随着经济走向过热，上游资源品价格飞速上涨，出现了以煤炭和有色金属为代表的"煤飞色舞"行情，周期的景气度被推向了顶点。很多周期类个股在那一年股价都一飞冲天，创下了价格的天花板，甚至多数强周期型企业，直到现在都还没有回到 2007 年的点位。

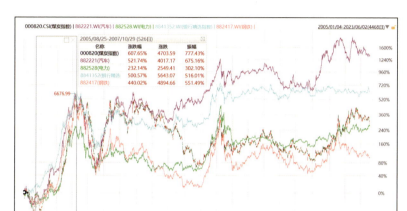

图 8-2　2005 至 2022 年煤炭、汽车、电力、银行和钢铁指数走势

资料来源：Wind.

但好景不长，2008 年次贷危机来袭，周期股的泡沫也逐渐破裂。之前涨得最猛的周期型企业，其股价基本腰斩，有的甚至跌去了七八成。所以，周期行业，其实也是非常容易出现泡沫的。

第二次周期行情始于 2009 年（见图 8-3）。背景是"四万亿计划"的出台，国内经济实现了 V 型反转。这次周期行情也跟经济复苏密切相关，在基建和地产的拉动下，上游资源品需求大幅增加。下游受益于政策红利，白色家电和汽车的消费量大幅增加，这也强化了厂商对上游资源品的需求，使得钢铁、煤炭、有色金属、水泥等周期型行业，实现了量价齐升。

股市再度爆发了一波"煤飞色舞"行情。到了2009年年底，随着产能彻底释放，大宗商品价格见顶，周期股的行情也陆续结束。

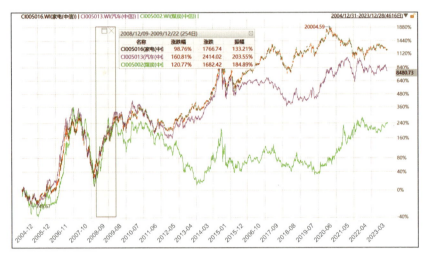

图8-3　2005~2022年白色家电、汽车，煤炭指数走势

资料来源：Wind.

第三次周期行情始于2010年下半年（见图8-4）。当时为了应对节能减排要求，多个省份施行"拉闸限电"政策。那段时期，高耗能行业在全国用电量占比确实出现了一定下滑。但与此同时，这一行为对工业品生产也造成了直接影响。供给受到约束导致钢铁、化工、有色金属等行业相关产品价格提升，这些周期型企业的业绩和估值也实现了双重改善。所以，这次周期行情并不是需求端大增引起的，而是供给端不足带来的价格上涨而且这轮行情持续的时间也比较短暂，在2010年年底

就落下了帷幕。

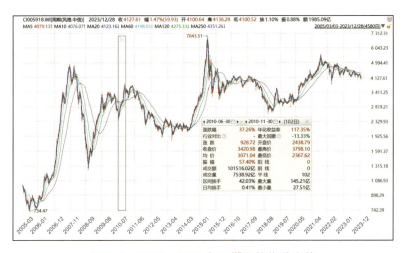

图 8-4　2005~2023 年周期风格指数走势

资料来源：Wind.

而后，周期行业进入了"至暗时代"，彻底沦为了"配角"，取而代之的是消费白马股。虽然，在 2015 年的牛市行情中，周期板块涨幅也不小，但其实并没有太多基本面的改善做支撑，属于单纯的牛市下的跟涨行情。当时很多周期型企业的业绩甚至跌到了历史最低点。

第四次周期行情始于 2016 年（见图 8-5）。随着供给侧结构性改革拉开帷幕，高污染、高耗能行业的供给开始收缩，不达标的产能全部关闭，这也再次推动了工业品价格上涨，周期板块行情逐渐展开。这次周期行情的特点是持续时间长，但上涨比较缓慢，而且涨幅不太大。因此，不少投资者对这次周期行情的认可度并不高,当时市场上涨得最好的风格是消费大白马股,这次行情也被人称为中国版的"漂亮50"行情。

图 8-5 2005~2022 年周期风格指数走势

资料来源:Wind.

第五次周期行情主要包括两个阶段(见图 8-6)。第一阶段是从 2020 年 5 月到 2021 年 2 月,当时伴随着经济数据的改善,周期开始复苏,国内制造业投资加速,带动了上游资源品需求回升,PPI 也从底部开始反转,周期股出现了第一轮上涨行情。第二阶段从 2021 年 3 月到 2021 年 8 月,当时沪深 300 指数其实已经开始下跌了。但市场对高景气成长股的推崇致使新能源板块相关金属原材料需求量大幅增加,碳酸锂价格暴涨。再加上"碳中和"和"双控"政策的出台,催生了第二波周期行情。

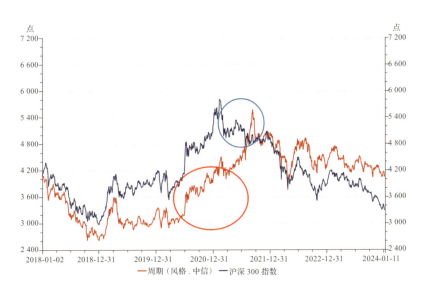

图 8-6　2018～2023 年周期风格指数和沪深 300 指数走势

资料来源：Wind.

通过复盘，我们可以大致总结出周期板块的投资规律。

第一，由需求因素催化的周期行情，通常逻辑更为清晰，更好判断，也更好把握。而如果是供给因素导致的周期行情，其往往由政策主导，不确定性较强，也更难把握。

第二，要想抓住需求主导的周期行情，就要把握经济周期的阶段。从图 8-7 中可以看到，周期风格指数跟 PPI 以及工业企业利润总额呈明显正相关性。当利润触底回升，PPI 也开始反弹时，需求开始回升，经济周期转向复苏。这也就意味着，当市场对大宗商品的需求逐步增加时，周期板块往往就会迎来表现机会。

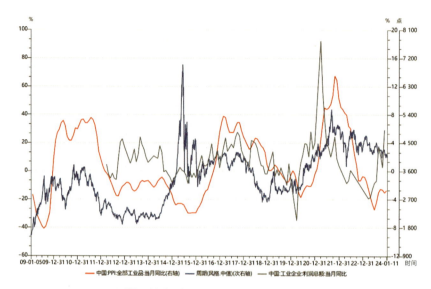

图 8-7 周期风格指数与 PPI、铜价、工业企业利润走势

资料来源：Wind.

第三，对于周期板块的投资，切勿太贪婪。对于周期板块，我们只赚"上半场"的钱就够了。周期板块的下半场行情看似有机会，却十分凶险，稍不留意就会被深套。

第四，周期板块投资的秘诀其实就四个字：均值回归。毕竟，周期型企业的盈利和股价往往呈现周期性波动。我们要尽量在周期板块表现最弱的时候开始布局，业绩最亮眼的时候，就应该离场了，千万不要反向操作。如果在"煤飞色舞"行情出现，周期板块猛涨的时候冲进去，那么很有可能会成为最后的"接盘侠"。

有色金属行业的投资逻辑

在投资周期行业时,我们通常不建议投资个股,因为这样做的风险还是很大的。我们可以通过有色金属行业基金进行配置。有色金属是周期行业中最敏感、反应最直接、确定性最高的一个细分领域,也被称为非铁金属,是除铁、锰、铬以外所有金属的统称。如果继续细分的话,有色金属还可以划分为重金属、轻金属、贵金属和稀有金属四类(见表8-1)。一般来说,只要经济周期复苏,铜、铝、锌、铅等金属材料基本都会跟随涨价,而一旦基础金属价格上涨,股市整体表现只要不是特别差,有色金属的股票就会跟着涨。

表 8-1 有色金属的分类与用途

分类	名称	特性	主要终端用途
重金属	铜	抗腐蚀性、导热导电性、可塑性等	电力、建筑、家电、汽车(铜材、铜管、钢线)
	铅	熔点低、抗腐蚀性等	汽车、通信电源、电动车(铅酸蓄电池)
	锌	抗腐蚀性、延展性、可铸性等	基建、房地产、交通、家电(镀锌板)
轻金属	铝	密度小、抗腐蚀性、导热导电性等	建筑、电力电子、交通运输(铝材)
	钛	强度高、密度小、耐热性、抗腐蚀性等	化工、航空航天、海洋工程(钛材)
贵金属	金	导热导电性、熔点高等	黄金饰品、投资用金、工业用金、央行储备
	银	导热导电性、熔点高等	光伏、汽车、电力

（续）

分类	名称	特性	主要终端用途
稀有金属	钼	熔点高、硬度大等	钢铁、化工（添加剂、催化剂、润滑剂、油漆）
	钨	熔点高、硬度大、密度大等	汽车、航空航天、采掘、电子（硬质合金）

在有色金属中，铜的地位尤为突出，以至于市场给铜起了一个外号——"经济学博士"。这是因为在一轮周期行情中，铜通常是有色金属中反应最灵敏的，一旦铜价抬头，出现明显反转，大概率预示着经济需求开始回归，周期走向复苏。我们用中国工业增加值⊖当月同比数据叠加铜价走势进行对比，可以发现，铜价的变化和经济景气度高度相关（见图8-8）。当铜价向上，整个有色金属板块往往也会同步上涨（见图8-9）。

因此，分析有色金属行业的重点，其实就在于分析铜价的变化。关于铜价的分析框架，我们可以从三大角度切入，分别是：基本面、宏观面和资金面。

基本面分析主要关注铜的供需变化。对于周期品而言，如果供给减少，需求增加，那么就会出现供不应求的现象，价格上涨。反之，如果供给过剩，市场上需求并没有那么多，那么价格就会下跌，进而影响相关企业的利润。一般来说，铜矿的

⊖ 中国工业增加值是用来反映一定时期工业生产物量增减变动程度的指标。利用该指标，我们可以判断短期工业经济的运行走势，判断经济的景气程度，这个指标也是制定和调整经济政策，实施宏观调控的重要参考和依据。

供给和铜价负相关，下游铜的消费和铜价正相关，中游铜冶炼厂的加工费和铜价也存在一定的负相关性。

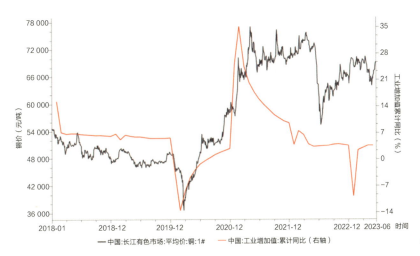

图 8-8　铜价变化和工业增加值累计同比变化

资料来源：Wind.

图 8-9　铜价和有色金属 ETF 走势

资料来源：Wind.

在供给方面，重点关注铜矿的储备量，因为储备量决定了未来一段时间的开采量。比如，有色金属2022年行业研究报告数据显示，目前铜矿储备量较高的国家包括智利（20%）、秘鲁（15%）、澳大利亚（10.6%）。我们可以留意在这些国家中哪些重点公司开启了铜矿项目，项目又是怎样的体量。通过这些信息，我们可以推断出未来一段时间铜矿产量的大致情况，从而对未来几年的铜供给有一个大致的预判。

在需求方面，我们主要看铜的消费量。在国内的铜消费中，电力电缆是下游最大的需求方，其需求占比接近50%，这主要也是因为铜的导电性能非常好。要想跟踪铜的消费量，我们可以参考电力投资与建设相关数据和电源、电网工程建设投资完成额。铜的第二大下游需求来自空调制冷领域，其需求占比约16%。因为蒸发器、冷凝器以及一些连接管道需要用到铜管。这块数据我们可以跟踪空调销量以及房屋竣工情况。铜的第三大下游需求来自交通运输业，其需求占比大概为9%。我们可以通过观察汽车销量情况对此进行大致判断。

除了以上三大需求方，近些年铜也多了一块新的需求领域，那就是新能源领域。一般来说，一辆传统汽车的用铜量是23kg，而插电混合动力汽车的单车用铜量是60kg。也就是说，新能源汽车的耗铜量几乎是传统车的2～3倍。随着新能源汽车渗透率的不断提升，对铜的需求量也会增加（见图 8-10）。此外，光伏和风电占比的增加也会导致铜的需求量增加。这是因为电缆中的接线端子是铜芯做的。随着光伏和风电装机量的增加，电缆的需求量也会随之增加，进而刺激铜的销量增长。

图 8-10　全球新能源领域对铜的需求预测

资料来源：Marklines，EVTank，Wind，民生证券研究院测算。

宏观面分析主要看经济是否复苏，这也是最简单有效的观测方法。一般当经济从复苏走向过热时，往往存在资源品需求大幅回升的过程，进而带动价格大涨。此时通常有一个明显标志，就是 PPI 触底回升。此时，铜价包括整个有色金属板块都会随之上涨。反之，当看到 PPI 大幅回落的时候，我们就要尽量远离有色金属板块了（见图 8-11）。

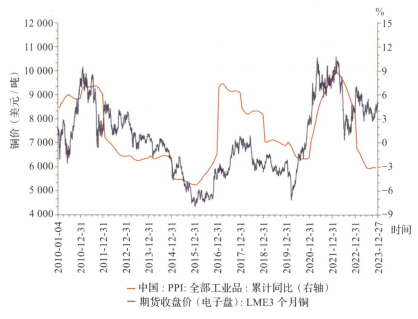

图 8-11 中国工业品 PPI 与铜价走势

资料来源：Wind.

资金面分析主要关注美联储货币政策。铜和贵金属中的金、银不太一样。金、银的走势通常和美债利率呈现较强的负相关性，和美元指数呈现较弱的负相关性，所以受美联储政策影响极大。比如，在美联储加息之后，美债利率多数情况下趋于上升，市场对美元的需求量增加，美元也趋向于升值。那么，黄金作为以美元计价的硬通货，由于缺乏孳息能力，相比美债来说，吸引力下降，所以大概率会表现出价格下跌的走势。

但金属铜不一样，它更多受到供需关系的影响，其次才是资金因素。也就是说，当市场需求极度旺盛的时候，我们基本可以忽略资金面的影响。而当供需关系进入平衡状况后，资金面的影响才会更加明显。在2022年年初，全球金属价格暴跌，主要因素是对全球经济下滑的担忧导致的需求减少，次要因素是美国加息节奏变快，两者叠加对铜价的影响就更明显了。

煤炭行业的投资逻辑

2022年是A股熊市的一年，绝大多数行业的股票都遭遇了惨烈的下跌。但唯独有一个行业，其相关股票却在熊市中逆势大涨，成为2022年表现最抢眼的行业，这就是煤炭（见图8-12）。按说，煤炭属于典型的强周期行业，但为什么在2022年脱离了周期属性，与其他周期行业股票的走势背道而驰？煤炭行业的投资逻辑又是什么？这节我们将对煤炭行业做简单介绍。

煤炭大家都很熟悉，它是最常见的传统能源。煤炭也被人们誉为"黑色的金子""工业的粮食"，是18世纪以来人类世界使用的主要能源之一，也是各国重要的战略储备。

如果按照工业用途分类，煤炭主要分为三大类：动力煤、焦煤和无烟煤。动力煤的用途主要是火力发电和水泥生产；焦煤的用途是炼钢；无烟煤主要用于化肥和化工生产。这三类煤炭的最终消费端分别是发电厂、焦化厂和化肥厂。这些工厂的用煤量也代表着各类工业生产活动的活跃程度。

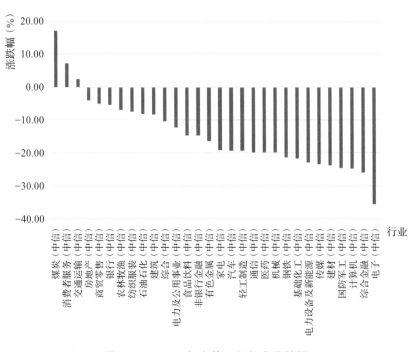

图 8-12　2022 年中信一级行业涨跌幅

资料来源：Wind.

如果要简化对煤炭行业的追踪，我们可以重点关注动力煤的价格。这一指标几乎决定着煤炭行业的利润空间。因为动力煤的需求量极大，这是因为无论是老百姓的日常生活，还是工业企业的生产经营，都离不开电。在经济繁荣时期，几乎都伴随着工业用电量的快速增长，那么整个市场对动力煤的需求也会大幅增加，进而带动煤炭价格上涨，煤炭行业指数随之走强（见图 8-13）。

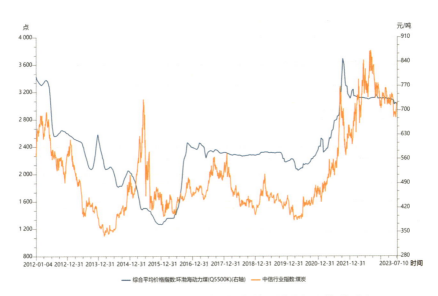

图 8-13 环渤海 5500 动力煤价格指数和煤炭行业指数对比图

资料来源：Wind.

观测动力煤价格的变化，主要切入点就是基本面的供需状况。我们需要评估原煤供应量和需求量是否平衡，以及哪方力量更为显著。如果出现供不应求的情况，动力煤价格就会上涨，而如果供过于求，价格就会面临下跌压力。

从供给方面来看，动力煤有两个主要来源，一个是国内煤炭生产方，另一个是国外煤炭进口方。

我国煤炭主产地主要集中在山西、内蒙古、陕西和新疆四个省份。2010 年之后，原煤产量同比增速出现明显的下滑趋势（见图 8-14）。直到 2016 年供给侧结构性改革，在淘汰了一批落后产能，关停了很多中小煤矿后，煤炭行业产能才逐渐出清，原煤产量同比增速触底回升。到了 2020 年，国内经济迎来明显复苏，原煤产量和煤炭价格也迎来快速上涨。

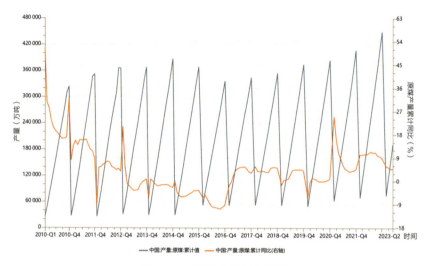

图 8-14　原煤产量历史数据

资料来源：Wind.

在"双碳"政策的大背景下，未来主管部门对煤矿新增产能的批复条件可能会越来越严苛。因此，有不少机构认为，煤炭的周期属性可能正在减弱。过去，周期行情的结束往往伴随需求的下降和供给的相对增加，导致供过于求，价格大幅下跌。但从短期来看，因受资源限制和政策目标等因素，煤炭的供给弹性被限制住，那么即使产能有所扩张，可能也依旧无法满足需求。这就会使煤炭价格保持相对坚挺。总体而言，煤炭的生产供应其实是非常充裕的，但政策管制态度对煤炭供给端的影响很大，而政策面往往也具有一定的不确定性。在进口方面，我国的主要煤炭进口来源国是印度尼西亚、俄罗斯和澳大利亚，但是进口受国际贸易政策和地缘关系影响较大，也具有较高的不确定性。

从需求方面来看，动力煤的主要需求方是火电行业。火电行业通常占动力煤需求总量的50%以上。火电行业负责保障整个社会的电力供应，而全社会用电量增速又和GDP增速高度正相关（见图8-15）。所以，当经济迈向复苏时，在居民消费和工业制造的带动下，对火电需求的增加，也会提升对于煤炭的需求量。

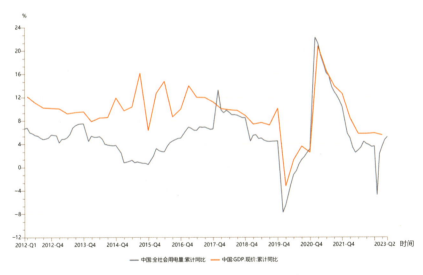

图 8-15　全社会用电量增速和 GDP 增速对比图

资料来源：Wind.

综合煤炭的供给和需求因素，我们可以得出以下结论。

在经济繁荣、消费旺盛、制造业发展良好的情况下，煤炭需求通常较为强劲，动力煤价格大概率会上涨，进而带动煤炭行业有所表现。

在经济低迷、居民消费疲软、工业活动减弱的情况下，煤炭需求量通常会回落，动力煤价格承压。但此时，我们还要结合政策面和国际贸易的情况，观察煤炭供给端的状况。如果供给端被限产，进口受阻，煤炭依旧有可能出现供不应求的局面。在这种情况下，煤炭价格将得到一定的支撑，煤炭行业可能也还有表现机会。当然，供给端的因素，不确定性较大，通常也更难把握。

| 第九章 |

科技板块的投资逻辑

科技板块的投资特点

　　科技，在当今经济发展中扮演着非常重要的角色，甚至成为社会的第一生产力。科技创新能力也是提升国家综合实力和核心竞争力的关键。随着科技的不断进步，人工智能、5G技术、半导体、物联网等领域都将迎来更广阔的发展空间。在投资领域中，科技板块也逐渐成为各大投资者关注的热门领域。投资高科技公司，往往有望获得非常丰厚的收益。当然，收益和风险通常是并存的，科技板块在给投资者带来高收益的同时，一般也会带来巨大的风险。

　　那么，科技板块具体有哪些投资特点呢？

　　第一，科技板块的不确定性很大。

第九章
科技板块的投资逻辑

华尔街有句名言,即富豪榜上,没有谁是通过投资科技股票发财致富的。言外之意,就是在二级市场上找到科技公司的大机会确实太难了。一般靠投资科技领域发财的,基本都是那些一级市场的风险投资机构或者科技企业创始人。

这句话确实也不无道理。例如股神巴菲特和比尔·盖茨是"铁哥俩",甚至比尔·盖茨曾多次向巴菲特推荐微软的股票。但最终巴菲特只是象征性地买了几百股,并没有靠微软这只大牛股发财,而是靠他手中那些能源源不断产生现金流的消费股和金融股发财。巴菲特也承认,自己确实看不懂科技。后来他投资苹果公司,也是因为苹果公司在发展成熟后开始源源不断产生现金流,逐渐成为一家消费品公司,这才让巴菲特看得比较清楚,给予了重仓。

股神巴菲特对科技股小心翼翼,就是因为科技领域的创新和迭代速度实在太快了。科技板块的投资其实具有极大的不确定性,不仅需要投资者具备敏锐的洞察力,甚至多数情况下还要一定的运气。

回到20年前,你觉得在科技领域,哪家公司最有可能成功?当时的领头羊是搜狐和盛大,但现在这两家企业的领军地位早已不复存在。如果回到10年前,最接近成功的应该是百度和人人网。然而10年后百度已经退出了第一梯队,人人网更是徘徊在生死线上,最终被低价收购。所以,现在大家只记住了微软、特斯拉、苹果公司这样的成功案例，但其实在科技领域中，失败的案例更多。科技公司的创业充满着极大的不确定性，你很难想象特斯拉在2018年的时候，竟然还徘徊在破产边缘，但后面没几年，马斯克就成了世界首富。

在科技领域，即便是同样的商业模式，一开始看似成功的公司，最后却有可能失败，后来者反而可能成功。比如，人人网最开始复制脸书模式，看似红极一时，但最后取得成功的却是微信。易趣网是最早模仿亚马逊电商模式的，最终却被淘宝翻盘。这就是科技领域的特点，技术发展和迭代的速度太快，到处充满着不确定性。能从科技领域中杀出重围，有时候真的不只是实力的问题，运气也占很大的成分。那么，我们作为投资者，确实就更难以看清了。

第二，科技领域容易出现赢家通吃、强者恒强的局面。

科技企业一旦形成网络规模效应，其边际成本会瞬间降低，这种优势成为科技企业的一道壁垒。如果一个行业缺乏壁垒保护，就会导致大量竞争者涌入，那么行业内的高利润就可能瞬间被压缩，这样的行业一般也很难孕育出伟大的企业。

科技企业中的护城河，最有效的可能就是技术壁垒了。也就是说，"我"能造出来的东西，别人根本造不出来，甚至让"他们"抄都没戏。对于投资者而言，选择具有技术壁垒的头部公司，投资胜率会相对更高一些。

除技术壁垒外，品牌和转换成本也是科技企业的重要优势。比如，微信的转换成本就很大，这是因为你周围朋友用的都是微信，你换个其他软件可能连朋友都联系不上了。这种强制力是宽阔"护城河"的体现。而那些可用可不用的软件，即便做得再花哨，对公司也产生不了太大价值。

但说实话，这些技术壁垒，在科技行业中也不能算是坚不可摧的。科技领域，最怕的就是哪天一个新技术出现，可能之前所有的逻辑就都被颠覆了，直接绕过了现有的"护城河"。比如，当年飞信背后依靠的是中国移动的牌照，这个"护城河"看似牢不可破，但微信一出，直接就绕过了这个"护城河"。再比如，以前几乎人手一部诺基亚手机，诺基亚品牌影响力巨大，但现在已经见不到谁用诺基亚了，连诺基亚自己都说，我们好像并没有做错什么，但还是失败了。

第三，对于一些新技术科创企业来说，可能第二波机会更大一些。

在一些新兴技术领域中，我们可以先观望领跑的梯队，然后重点关注那些陪跑的企业。这是因为一个新技术的诞生，或许会带来非常可观的利润，但与此同时，也会引来大批的竞争对手。这种推陈出新，不一定会让第一批企业成为最终赢家，它们甚至有可能成为"先烈"。而相对来说，第二批吸取了经验教训的企业，可能在业务成功率和确定性上更高。比如，土豆、优酷是最早做视频的，但截至2023年，腾讯视频规模最大。饿了么最先做外卖，美团却后发制人。

第四，科技企业的股价波动性很大，容易出现泡沫。

科技企业非常擅长讲故事，但这个故事往往不一定能兑现。在2000年美国互联网泡沫中，科技板块被推向了预期的顶峰，当时几乎所有人都认为互联网将彻底改变世界，科技板块将不再受"地心引力"的影响，会持续上涨，市场甚至开始用"市梦率（市值/梦想）"给科技企业估值。

但随后泡沫破裂，市场用了将近15年的时间才消化了泡沫。纳斯达克指数直到2016年才创出2000年之后的新高。所以，当大家把科技企业想得太美好的时候，悲剧往往就要发生了。并不是科技板块不好、没有前途，而是投资者的预期太高。当现实跟不上心中梦想的时候，股价就会迎来暴跌。所以，大家务必小心，投资科技企业千万不要追高。

综合来看，对于普通投资者来说，科技企业的选股和投资难度还是非常大的。投资者必须深入了解企业的商业模式、所在行业竞争格局、技术发展前景、壁垒所在等因素，这样才能对企业有更好的把控力。但这点其实对多数投资者来说恰恰也是最难的,甚至很多时候,就连科技企业自家的创始人,都未必能预测出公司未来的发展前景。比如,马化腾当年就被问道:"你觉得什么时候 QQ 在线用户可以超过 1 亿人?"马化腾的回答是:"也许在我有生之年都看不到了。"但其实仅仅过了 4 年,这个目标就实现了。所以,作为普通投资者,我们投资科技企业最好的方式就是通过行业 ETF 基金去配置。毕竟对于赚钱的小目标来说,"霰弹枪"才有更高的命中率。

一般来说,我们习惯把科技板块分为四大方向:TMT(科技、媒体和通信)、半导体、新能源和光伏。这里面,严格意义来说,半导体应该算在 TMT 当中,光伏应属于新能源领域。因此,我们重点介绍一下 TMT 和新能源。

TMT 行业的格局和特点

TMT(Technology, Media, Telecom)是科技、媒体和通信三大行业的英文首字母,这三个领域的交叉融合,形成了独特的产业格局。

科技,主要指的就是信息技术行业,包含了计算机软硬件、互联网服务、电子设备、半导体等。

媒体,主要指传媒方向,涵盖了电影、广告、游戏、电视、广播、音乐等领域。其实这里面不少行业最开始只有消费属性，但随着互联网的兴起以及数字化的发展，传媒行业经历了巨大的变革，媒体内容的传播方式也发生了革命性的变化，这让不少传媒公司开始具备科技属性。

通信，指的就是那些提供通信服务和基础通信设施的公司，涉及移动通信、宽带网络、卫星通信、光通信等相关企业。

在A股中，TMT一般泛指电子、计算机、传媒和通信四大行业。从权重占比来看，TMT基本就是以电子和计算机为主，以传媒和通信为辅的行业（见图9-1）。

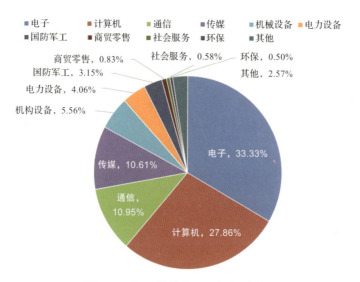

图9-1 TMT指数申万一级行业权重

资料来源：Wind.

2010年之后，TMT出现过三轮比较明显的优势行情（见

图9-2），分别是2013至2015年、2019至2020年以及2023年上半年。那么，是什么因素共同推动了TMT行情呢？

图9-2　2010年至2023年的TMT行业行情走势

资料来源：Wind.

通过对三轮TMT行业优势行情的复盘，我们大致可以发现几个共性因素。

共性1：诞生于宏观小年，经济相对疲弱。

从宏观环境来看，三轮TMT行业的优势行情，基本都诞生于宏观小年。比如2013年、2019年以及2023年上半年，基本都处于经济复苏周期的开端，但是整体复苏态势又没那么明显，复苏力度比较弱。在这种环境下，股市处于犹豫期，场内资金存量博弈，市场的结构性特征往往就会更加凸显，而资金也更倾向于找那些具有独立景气的科技方向。

共性 2：处于货币宽松周期。

从流动性环境来看，三轮 TMT 行业的优势行情均发生在央行货币宽松周期。2013 年，中国人民银行宣布启用 SLO（短期流动性调节工具）并创设 SLF（常备借贷便利）。2014 年 11 月之后，央行连续进行了六次降息和五次降准，并推出 PSL（抵押补充贷款）和 MLF（中期借贷便利）等新型政策工具，加大基础货币投放。2020 年，央行连续三次降准和两次降息。2023 年 3 月份，央行再次宣布降准，并运用再贷款、MLF 等多种方式投放流动性。一般来说，市场宽松的流动性环境，相对有利于科技板块的估值提升。

共性 3：有科技产业周期的加持配合。

2013 至 2015 年，随着 4G 通信技术革新，智能手机渗透率快速提升，进而带来移动互联网的高速发展。2019 至 2020 年，半导体供应链受到冲击，但这也推动了中国加快自主可控芯片的研发和生产的速度。在国产替代的背景下，中国半导体产业加快转型升级。2023 年上半年，人工智能迎来突破性发展，ChatGPT 的发布代表 AI 迎来"iPhone 时刻"，催生了新一轮技术浪潮。而现在看来，这一轮 AI 科技浪潮，显然还处于起步阶段。

综上所述，TMT 板块要想有不错表现，就需要宏观环境、流动性和产业周期等因素的加持。这些催化因素如果能够共振，那么TMT表现的机会就会更大一些。

半导体行业的投资逻辑

在TMT行业中，有一个重要的细分领域就是半导体。以至于在投资中，我们经常会把半导体行业拆分出来，单独寻找投资标的。

半导体，就是介于导体和绝缘体之间的材料，它和芯片概念经常绑定在一起。甚至市面上多数半导体行业基金，起的名字就是"半导体芯片ETF"。严格来说，芯片和半导体的定义是有区别的。芯片指的是半导体材料经过各种工艺处理后生产出来的集成电路个体产品。因此，芯片可以算是半导体元件产品的统称。而在投资中，我们不需要区分得这么细致，可以把半导体和芯片视为同一个细分行业。

半导体在全球经济中占据着重要的地位，2023年，全球半导体行业规模为6 113.5亿美元。无论从科技的角度还是经济发展的角度，半导体行业的影响都是革命性的。现在几乎所有的电子产品都和半导体行业有着极为密切的关联，半导体行业后续的发展和突破更是影响着人们的日常生活。

从美股的走势图中我们可以看到，如果你抓住了最近十年美股半导体的投资机会，那么你就能打败美股主要指数中最强的纳斯达克指数，更能大幅跑赢道琼斯指数（见图9-3）。因为美国科技类企业和美国宏观经济相关性很高，大型科技企业基本就是美国经济的主要代表，加之科技企业的成长爆发性非常强，所以美股最近10年的大牛市基本可以称为科技股的大牛市。正是这些高科技公司给予美股强大的支撑。

图9-3 费城半导体指数、纳斯达克指数以及道琼斯工业指数对比

资料来源：Wind.

相比之下，A股科技股行情的持续性就没有那么强了。这主要是因为目前科技股在A股中占比还不高。科技企业跟宏观经济的相关性也没那么强。反而是传统顺周期行业，大金融、消费和医药类企业，跟宏观经济相关性更高一些。

从过去20年A股各大类行业的超额收益表现来看，经济结构的变迁往往导致主导产业发生变化。比如，2000~2010年是我们传统经济大发展时期，主导产业包括重工业和顺周期行业，"五朵金花""煤飞色舞"成了那个时代的主题。紧接着下一个10年，消费升级成了新的主题，医药和消费领域最为受益，在这两个行业中，诞生了很多大牛股。当然，随着经济结构转型，A股中的新经济和硬科技的占比也在稳步上升。所以，在此期间，A股也穿插了几轮科技短周期行情。

从行情特征来看，其实无论是科技板块中的哪个行业爆发，电子半导体行业作为科技上游的参与者，在历次科技股大行情中，基本没有缺席（见图9-4）。

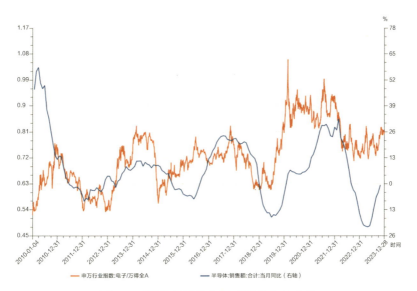

图9-4　国内电子行业相对万得全A走势

资料来源：Wind.

半导体行业是一个典型的拥有周期和成长特性的行业。从成长角度来看，未来 10 年，随着 5G 和 AI 时代的开启，移动互联网积累的大量数据有望成为推动进人工智能和万物互联发展的基础。无论是个人 PC、手机、终端服务器，还是其他各类消费电子产品，其实都离不开半导体的支持，这也会极大拉动半导体的整体需求。从周期角度来看，半导体行业具有明显的周期性波动特征。这里可以重点关注两个指标：费城半导体指数和半导体销售额增速。

费城半导体指数是监控全球半导体产业链景气度的指数，从 1994 年发布至今已有 30 年的历史，该指数包含 30 只成分股，涵盖了半导体行业的上中下游。一些知名的半导体企业，如英伟达、台积电、高通、英特尔等都是该指数的成分股。半导体行业具有非常强的龙头效应，目前这 30 家企业的合计收入占全球半导体销售收入比重的 70% 以上。所以，费城半导体指数对半导体行业景气度具有非常强的指引作用（见图 9-5）。而半导体销售额增速，也能直观反映半导体行业周期的变动情况（见图 9-6）。

总之，对于半导体行业的投资，我们要充分利用它的周期性。但是，预测行情的起点是很难的。所以，我们要尽量在行情底部慢慢布局，然后耐心等待行情的爆发。半导体行业的周期，通常具有比较大的弹性，在行情底部布局，未来的赔率也会比较高。

图 9-5　费城半导体指数和电子行业走势

资料来源：Wind.

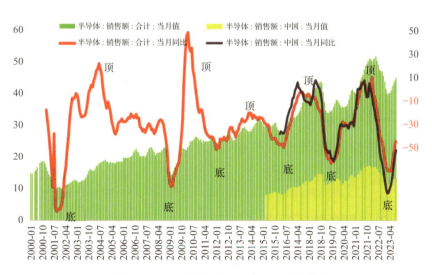

图 9-6　全球、中国半导体销售额变化情况

资料来源：中原证券。

以上一轮半导体行情为例。这轮行情从 2019 年起步，一直涨到 2021 年 8 月见顶，足足涨了 4 倍多，而到 2023 年又跌了一半下来。所以在底部布局，然后耐心等待，尽量把成本回撤控制在 20% 以内，未来行情起来时，往往会有较大的收益空间。半导体行业的行情通常不是线性上涨的，很可能就是几年的收益在一波行情中迅速实现。但同时这也意味着，买错了周期位置，很可能就要承担几年的损失。

大家记住，只要有科技进步，有技术革命性的突破，有科技产业浪潮的爆发，半导体行业几乎必涨。所以，我们对应的策略就是在行业周期底部布局，慢慢买，不着急。哪怕牺牲一些短期的胜率，也要去抓未来更高的赔率。

新能源行业的投资逻辑

新能源行业是 2019~2021 年牛市行情中，备受投资者追捧的行业（见图 9-7）。

关注过新能源行业的投资者对渗透率这个词应该并不陌生。在 2018 年之前，新能源车的渗透率其实很低，不到 5%，行业竞争格局也不清晰，优秀的公司还没有崭露头角。此时，投资者只能在市场中进行预期博弈，新能源行业整体处于比较明显的主题投资阶段。但是 2020 年之后，在产业政策、技术革新和海外需求三重驱动下，新能源车的渗透率开始快速抬升，相关企业业绩也迎来大幅增长，对应到股价上就是一轮波澜壮阔的行业大牛市（见图9-8）。

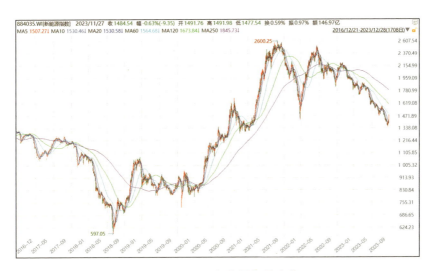

图 9-7　Wind 新能源指数走势

资料来源：Wind.

图 9-8　2013~2022 年中国新能源汽车行业走势及渗透率情况对比图

资料来源：浙商证券研究所。

一般来说，产品渗透率在 5% 以下时，行业通常属于混沌期，也处于典型的初创期、朦胧期，主题投资特征比较明显。当产品渗透率攀升到 5% 以上，甚至继续突破 10% 时，行业往往会呈现出巨大的成长潜力。此时，市场预期浓烈，相关企业股价上涨极快，对业绩的容忍度也比较高。当渗透率达到 20% 以上时，虽然产品出货量还在增长，但是增速已经开始放缓。行业竞争加剧，很可能会爆发价格战。此时，相关企业盈利增速也会受到影响，出现放缓的局面，股价在这个阶段可能会迎来颠簸期。当产品渗透率达到 40% 以上时，这个行业基本就会从成长期迈入成熟期，竞争格局相对趋于稳定，迎来强者恒强的局面。部分脱颖而出的企业股价还会再创新高，但行业普涨带来的超额收益行情已经结束。

新能源行业是非常庞大的，包括新能源车、光伏、风电、储能等相关细分行业。这里我们重点拆解一下新能源车的供应链。

整体来看，新能源车的供应链包含上、中、下游。上游是原材料的生产和加工，相关上市公司把各种有色金属材料，如锂、钴、镍等制作成电池的正负极、隔膜和电解液等。中游可以看作零部件，主要就是动力电池、电机生产厂以及一些电控系统，中游也是技术壁垒相对较高的环节。下游则是整车和综合服务，有代表性的如造车新势力蔚来、理想和小鹏等公司。

在上游原材料中，锂是最有代表性的金属，它也是制作电池的主要原料。锂矿类公司具有典型的周期和成长属性。而对于周期类行业，我们重点关注的就是供给和需求。2020年以前，金属锂的周期属性相对突出。当时大家对新能源行业还处于预想阶段，股价有过短期炒作，但因为后续的需求被证伪，行情也就戛然而止了。2020年之后，锂的成长属性开始彰显。在欧洲补贴和我国消费复苏的背景下，新能源车销量开始猛增，渗透率大幅提升，上游金属锂的需求也迎来了真正爆发（见图9-9）。

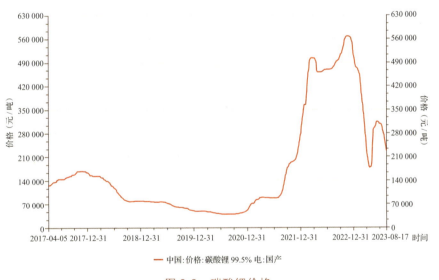

图9-9　碳酸锂价格

资料来源：Wind.

由于锂矿开采周期较长，扩产难度高，金属锂一直处于供不应求的状态，这就促使锂价持续上扬。2021年年中到2021年年末是第一个上涨阶段，碳酸锂价格从近10万元/吨上涨到20万元/吨，价格翻了一倍。2022年开始，进入第二个上涨阶段，锂价从20万元/吨上涨到40~50万元/吨，价格再度翻倍。当时市场对于新能源行业的预期也是非常强烈的，甚至一些新能源行业的基金经理认为锂价还会继续上涨。但很可惜，站在2023年的视角来看，锂价后来跌了一半下去。因此，投资上游资源品一定要警惕这种价格的暴涨。

资源品的价格，终究还是由供需关系决定的，即便供给依旧不旺盛，但如果需求滑落较快，从供不应求变成了供过于求的局面，那么基础资源品的价格也会反转。

相比之下，新能源车中游的商业模式可能更好一些。中游电池厂商的利润在原则上会受上游锂矿价格的制约，不过这里也要考虑中游电池厂商的议价能力。一般来说，在行业发展初期，竞争相对激烈时，厂商的议价能力弱一些。但随着行业逐渐出清，龙头公司地位愈加明朗，其议价能力也会随之提升。对这些龙头电池厂商来说，其实无论下游谁做新能源车，它们的产品都是能卖出去的，只要它们实施成本与产品价格挂钩机制，那么即便成本提高，产品也能跟随涨价，相当于把新增成本一定比例转嫁给了下游车企。因此，这些中游龙头厂商在整个产业链中的商业格局相对更稳定一些。

下游整车和上游锂矿的增长逻辑基本相似。2020年以前，政策支持新能源产业发展，但产品仍然存在性价比低、续航能力差等问题。2020年之后，伴随着技术升级，之前存在的问题也迎来改善。特斯拉上海工厂在2020年1月的正式投产，成为标志性事件。2020年3月，比亚迪推出刀片电池；年中，政策推进换电系统建设。在产品方面，也有欧拉黑猫、宏光MiNi等高性价比产品推出，再加上政策补贴延期到2022年。所以，新能源下游整车需求，也在2020年之后迎来爆发式增长。

正是因为新能源行业的爆发式增长，不少公司在前期大量投资扩产，最终导致供给大幅超过需求，出现了明显的产能过剩问题。我们可以看到在2023年，尽管新能源车销量依旧不错，但是新能源行业的股价却出现大幅回调（见图9-10）。其实这就是惨烈的去产能过程。

总结一下，新能源车的上游波动很大，原材料价格会随市场供需变化而出现较大的波动。上游资源品公司的盈利也会随之呈现较大的波动，具有周期和成长属性；中游相对较为稳定，投资上要多观察技术进步带来的变革，具有科技和成长属性；下游市场虽然庞大，但竞争激烈，比拼技术研发、品牌建设和渠道等综合能力，兼具科技、成长和消费属性。

新能源行业的细分赛道研究难度较大。对大部分投资者来说，布局新能源行业，还是更适合用行业ETF基金。从新能源行业ETF基金的持仓来看，其基本覆盖了新能源车产业链的上、中、下游。

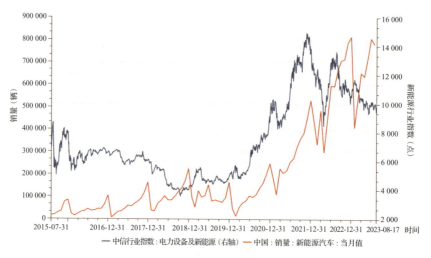

图9-10　中信新能源行业指数和新能源车销量对比图

资料来源：Wind.

长期来看，新能源行业依旧是未来的大势所趋，也是未来经济加杠杆的重要方向。未来，我们会逐渐摆脱依赖房地产拉动经济的传统逻辑，实现彻底的科技转型和能源转型。所以，新能源整体是具备长期投资逻辑的，但短期要留意宏观经济环境、供需格局的变化，以及产能的出清情况。如果不小心买在了阶段高点，回撤幅度也是相当大的。

| 第十章 |

左侧定投策略和
右侧趋势追踪策略

在前几章中，我们分别介绍了大类资产轮动策略、风格轮动策略以及行业轮动策略。它们主要解决的是在投资中"买什么"和"什么时候买"的问题。那么，在这一章中，我们再来介绍一下左侧定投策略和右侧趋势追踪策略。这两种策略主要解决的就是"怎么买"的问题，它们遵循的是完全不同的两套交易逻辑。

左侧交易和右侧交易

很多投资者经常在股市中犯错，盲目交易，很大一部分原因就是没有分清楚左侧交易和右侧交易的逻辑，甚至把这两种交易策略混为一谈，再加上情绪影响，结果可能是在K线趋势下跌时，错误地模仿巴菲特的价值投资，坚持长期持有，结果越亏越多；或者在连投资标的基本面都不太了解的情况下，看到价格不断下跌就感到越来越恐慌，最后在低点割肉，卖在了黎明前的黑暗中。这种盲目投资的方式，长期下来肯定会陷入亏损的循环。

有些读者可能会问，怎么分辨行情是左侧还是右侧呢？

其实并不复杂，我们直接用眼睛观察就可以了。比如，在图10-1中，左侧行情的走势一浪低过一浪，右侧行情的走势一浪高过一浪。在实际投资中，我们要尽量从长远角度看待趋势，因为短期走势可能说明不了什么问题。

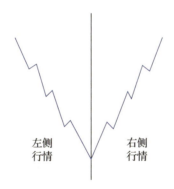

图 10-1　左侧行情和右侧行情

左侧交易，一般指的就是在市场底部并未明确，处于下跌趋势当中，或者上涨行情没有启动的时候，提前进行布局。而在市场上涨途中，提前撤出，实现止盈离场（见图10-2）。

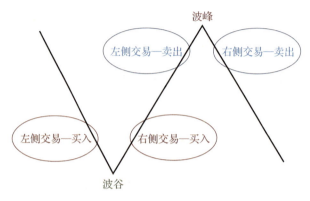

图 10-2　左侧交易和右侧交易

右侧交易，简单来说就是追涨杀跌，根据自己设置的买卖标准，看到行情涨起来，形成上涨趋势之后买入。而当价格下跌，跌破卖出标准或者趋势破位后，就要止损，认赔离场。

左侧交易和右侧交易的本质区别就在于左侧交易是基于价值分析，投资者要非常清楚投资标的物的内在价值区间，知道它未来即使下跌，大概率也能涨回来，所以越跌越买，止盈不止损。而右侧交易是基于趋势追踪，可以不考虑投资标的基本面问题，只追逐趋势，一旦趋势破位，就必须果断离场，因为你不知道它要跌到哪儿去。所以要越涨越买，止损不止盈。

因此，它们遵循的是两套完全不同的交易逻辑，千万不能搞混了。

左侧定投策略

一般来说，业绩稳定，盈利相对可预测的行业，如消费和金融行业，可以采用左侧交易。而业绩不稳定、走势比较随机的行业，比如，强周期行业，或者证券这种反身性①极强的行业，最好采用右侧交易。

左侧交易最典型的投资策略就是定投。定投，简单来说，就是每隔一个固定时期，对某一投资标的，投入固定金额。定投的优势，主要有以下几点。

优势1：规避了"什么时候买"的问题。

不少投资者在股市中，面对每天波动的市场，总是纠结于今天买还是明天买，总想猜测最佳买点。然而，结果往往事与愿违，一买就跌，一卖就涨。定投策略对于这部分投资者来说，或许是一剂"良药"。因为，在实施定投策略期间，我们并不需要考虑何时买入，只需要设置好程序，留下充足的现金，然后不断机械式地投入就好。定投策略，可以改善投资者总想猜高低点的心态。当然，这里说的是开始定投之后，不需要择时，而不是定投之前不用择时。具体原因在后面的内容中会给出解释。

---

① 反身性是指市场参与者的主观认知会影响市场的发展，而市场的发展又会反过来影响参与者的认知。

优势 2：适合工薪阶层，是资金归集的有效方式。

定投策略其实类似于一种固定的储蓄方式，可以让资金积少成多。一旦开始做定投，并长期坚持下来，你可能会发现，竟然无意间攒下了一笔"巨款"，甚至还有可能产生一大笔额外的收益。尤其对于工薪阶层来说，由于每月都有收入，这本身就构成了定投的基础条件，不用担心中途因资金不足而断档，只需每月坚持就好。

优势 3：定投策略不怕下跌，可以不断摊低成本。

投资者一旦采用定投策略，往往对于投资标的已经做了一定的基本面研究，清楚它未来极大概率会涨回去，只是不确定什么时候涨而已。那么，在投资标的价格不断下跌的过程中，随着不断地定投买入，投资者的总成本肯定也在不断降低，仓位逐渐加重。虽然定投策略不能让投资者买在市场的最低点，但总成本至少能保持在一个相对低的区域。特别是对于宽基指数来说，左侧定投策略几乎稳赚不赔。

为什么说宽基指数非常适合定投？

因为采用定投策略的前提，就是我们一定得有较大把握，这个投资标的未来会涨回来。对宽基指数来说，只要经济持续发展，技术不断进步，货币供应量持续增加，长期来看，它就是一个跌下去必然能涨回来的投资标的。所以，对于此类标的，我们如果越跌越买，会感到非常踏实。但对于一些个股来说，情况可能并非如此。如果你不了解公司的基本面，也不清楚它未来的大趋势，那么最好不要盲目定投。因为股价很可能涨不回来，你却越投越多，掉入无底洞穴。

另外，适合采用定投策略的投资标的最好具备较大的波动性。假如投资标的波动性较小，始终呈线性上涨，那么定投的意义也就不大。最典型的就是债券型基金，其走势波动空间很小，长期来看基本就是一条平稳向上的斜线（见图10-3）。对于这种投资标的，如果你采用定投策略，岂不是越投成本越高？与其分批投资，还不如尽早一把买入，那样最终获得的收益反而更多。对于债券基金来说，最合适的投资方式就是买入放在组合中，长期持有。

图10-3 债券型基金长期收益走势

资料来源：天天基金。

所以，适合采用定投策略的投资标的，最好具备两大特征：第一，跌下去后极大概率能涨回来；第二，走势具有较大的波动性。

按照这个标准，宽基指数基金肯定最为合适。行业指数基金也适合用定投策略，不过要对行业的景气度进行分析判断。比如，某些行业可能已经陷入趋势性衰退，那么这种行业肯定是不值得我们进行定投的。至于主动型基金，这个不好判断，要具体情况具体分析。我们必须先了解清楚基金经理的投资风格，再做决策。那种专注于特定行业的基金经理，定投他们的基金与定投行业指数基金相似，关键还是在于分析行业景气度的逻辑。

另外，一些平衡型主动基金在下跌后，基金经理的自我调整能力和回撤控制能力较强，那么左侧定投的空间其实也没那么充足。至于债券基金、货币基金，包括国债、理财产品等波动较小，定投就显得很低效了。

定投，可能是大多数投资者最先接触到的投资策略。因为这套方法非常简单易行，没有多高的操作难度，投资者既不需要研究K线图，也不需要关注财经新闻，在执行定投时也不用考虑市场价格，只是按部就班地机械式投入就好。所以，它非常适合投资市场的新手。

不过，投资市场终究是一个人与人竞争的场所，不太可能存在一种可以让投资者不用动脑子就能一劳永逸赚到钱的投资方法。很多投资者对于定投策略，其实都存有较大的认知误区，他们认为只要给定一个投资标的，不管三七二十一，直接采用定投大法就能躺赢稳赚。这是一种非常错误的观念。定投策略也是有大学问的，很多投资者可能一上来，就接受了错误的定投理念，最终造成小赚大赔的结果。

如果把定投策略的核心要点总结为一句话，那就是：**左侧、低估、止盈不止损**！

首先，**左侧**指的是定投最好从投资标的的下跌趋势开始。因为采用定投这种方式，你的仓位肯定是一个由轻到重、慢慢加仓的过程。如果投资标的持续下跌，你的持仓成本必然逐渐降低。一旦市场趋势扭转，你就会因为低成本的重仓而获得收益。虽然在开始的一段时间里可能有小额亏损，但长期来看却能获得更大的收益。这就是定投微笑曲线想要说明的道理（见图10-4）。

与之相对的，就是在投资标的的明显上涨的趋势中开始定投。随着价格一路上涨，你不断买入，表面上看是赚到了钱，但其实成本却不断升高。这意味着在价格便宜的时候，你的仓位很轻，等投资标的的价格涨上去，处于高位的时候，你的仓位反而越来越重。此时，你可能刚把仓位加上去，又舍不得卖出，结果市场见顶后暴跌，收益瞬间化为乌有。这就是在上涨趋势中采用定投策略，造成上涨小赚、下跌大赔的原因。

图 10-4　定投微笑曲线

其次，**低估**指的是定投的起点，除了需要具备投资标的处于下跌趋势这个条件之外，还有一个条件，就是投资标的处于比较便宜的位置。如果我们明显看出投资标的正在见顶下跌，还盲目定投，这就纯属于浪费"子弹"了。定投策略的底层逻辑，说白了就是我们觉得投资标的跌得比较便宜了，但又不清楚底部具体在哪儿，那么，最好的策略就是从"地板"上开始做定投，通过多次分批买入的方式，买出一个底部区间。假如投资标的的价格最终跌到了"地下十五层"，采取定投策略的话，那么你的实际买入总成本可能也就在"地下两三层"。即使价格真跌到极低点，如"地下十八层"，成本至少也能在"地下十五层"。以如此低的成本买入，必然会为未来的牛市打下一个非常好的获利基础。因为你的持仓总成本越低，未来的获利空间肯定也就越大。

至于如何界定低估？最简单的标准就是估值中位数以下。比如，如果有1、2、3、4、5这五个数字代表估值水平，数字3就是估值的中位数，在估值跌至1、2、3的区间，且方向向下的时候，我们就可以开始定投了。但如果估值上升到4、5的区间，并且趋势向上，我们就不要定投了。

最后，定投策略一定要遵循**止盈不止损**的原则。为什么不止损？原因就是我们采用定投策略是基于对投资标的基本面的分析，确信其未来会涨回来。如果在下跌的途中，因为恐慌提前退出，这将必然导致策略变为确定的亏损，之前所有的坚持都将白费。所以，再次强调，对于定投标的的选择，一定要选自己最有把握、最有信心能涨回来的资产，否则，确实很难坚持下来。

另外，为什么定投要止盈？其实道理也很简单。因为左侧定投的效率极佳，你的成本会随着买入逐渐降低。与之对应的是，效率极低的右侧定投，你的成本会随着投入逐渐升高。股市从来都不会线性上涨，永远在波动中前行。当市场反弹、一路上涨的时候，如果你还不考虑采用什么退出策略，那么或许最终也能赚到钱，但是在经历了无数次的过山车之后，收益可能十分糟糕，甚至还不如长期拿着二级债基收益高。也就是说，定投不止盈，会极大降低这种策略的有效性！

至于止盈的标准，我们的习惯做法就是设置一个止盈线，如定投年化收益率达到 20% 后就全部赎回，退出离场。如果定投时间没有超过一年，则不进行折算；只要收益率达到 20%，就一把赎回，全部卖出。如果刚定投 2 个月，就盈利了 20%，那么果断止盈离场就可以了。

如果赶上了大熊市，定投到第二年盈利还没有超过 20%，那么可以考虑把止盈线调整为盈利 44% 时止盈（$[(1+20\%)^2-1]\times 100\%=44\%$），用时间换空间。第三年的止盈线，就是 72%（$[(1+20\%)^3-1]\times 100\%=72\%$）。以此类推，第四年就要翻倍后再赎回了。如果超过四年，你还没有等到止盈的机会，那么就不要再折算了，要做的就是降低预期，后面一旦出现翻倍机会就立马退出。一般来说，我们几乎也很难遇见定投四年还没有迎来止盈信号的情况。除非你的定投操作出现了极大问题，比如在错误的高点位置选择了错误的投资标的。如果遇到这种情况，就要及时纠错，降低盈利预期，尽快离场。

有人可能会问，为什么止盈线是年化收益率 20%？其实这个没有固定的规则，只是我们的经验而已，也是根据 10%~15% 的定投最终预期收益率目标倒推出来的。这是什么意思呢？就是说，做定投肯定是一个慢慢加仓的行为，我们不可能保证每次都加到满仓才正好达到止盈线。其实在多数情况下，或许没投几期就达到止盈线了。例如，如果我准备了 10 万元资金，打算定投 10 期某基金，投了 5 期后，这只基金突然涨起来了，我就赚到了1万元的收益，此时已经达到了20%的收益率，那么我就会止盈退出来。而此时，这1万元的收益，相对于我之前准备好的10万元总资金来说，其实也只有10%的收益率。

因此，这个例子也告诉我们，一旦开始定投，最糟糕的情况就是刚定投不久，投资标的就涨起来了。而最理想的情况，则是在自己投完了所有的筹码后，投资标的才开始上涨。显然，后一种情况会让我们赚得更多。如果你觉得不放心，把止盈线设为年化收益率15%也是可以的，这样肯定会更保守。但是长期来看，你的最终实际定投平均收益率也会下降，估计在8%～12%，如果你把止盈线设为年化收益率10%，那么长期实际定投的平均收益率估计就只有6%～8%了，与其这样，还不如直接买一只二级债基。所以，一般情况下，除非发现自己定投的标的选错了，或者定投起点出现了严重错误，否则不要轻易下调止盈线。

综合以上原则，我们可以简单总结**定投策略的操作步骤**。

第1步：选择适合定投的投资标的。宽基指数基金是最佳选择，行业指数基金则要分析景气度和驱动逻辑，主动型基金需要具体情况具体分析，而债券基金不适合定投。

第2步：选择适合定投的位置。投资标的处于左侧下跌趋势，且处于估值中位数以下。

第 3 步：执行定投策略。这里可能会涉及定投期数和定投频次的问题。

一般来说，定投的常规做法就是每个月投一次。如果遇到市场波动较大的情况，定投频率就调整为两周一次，甚至一周一次也不是不可以。如果之前设置的是一个月定投 4 000 元，如果想改成按周定投，那么就把 4 000 元拆成 4 份，每周定投 1 000 元就好。这种小周期定投在市场突然出现始料未及的上涨时，可能会比大周期定投收益高一些。但如果投资标的价格持续下跌，拉长定投周期肯定是更好的选择，因为它可以帮你拉大成本区间。当然，没有人能精准预测股市的短期涨跌，所以正常情况下，按照一个月投一次的方式就可以了。

至于定投的期数，标准做法就是把资金拆分成 24 份，每月投入一份。如果你对投资标的信心很足，通过对基本面和估值的分析，觉得它跌得差不多了，那么也可以将定投期数缩短到 12 个月。相反，如果对投资标的信心不足，那么就将定投期数增加到 36 个月。定投期数可以根据自己对市场和投资标的的把控程度自行调整。

第 4 步：设置止盈线。一年内收益率达 20% 时止盈，第二年收益率达 44% 时止盈，第三年收益率达 72% 时止盈，第四年翻倍时止盈。

我们之前提到，如果定投起点位置过高，开始时间过早，那么在后面很可能并不容易达到既定的止盈目标，这里我们也给大家提供一种修正策略，即"等一个月不创新低"。比如，你的资金已经定投了一半出去，但投资标的还在无休止地下跌，完全没有见底的迹象。这就说明，有可能是你的定投选错了起点，开始的位置太高了。为了避免继续浪费"子弹"，我们可以选择暂时停止定投，等投资标的价格一个月不创新低后，再继续开启定投。这么做的目的就是为了帮助你保留"子弹"，纠正定投开始过早的错误，避免在高点"空手接飞刀"，把"子弹"都浪费掉了。

另类定投策略：网格交易

网格交易策略是由美国数学家克劳德·香农提出的。他和牛顿、爱因斯坦齐名，是信息论的创始人。香农后半生致力于研究投资，并提出了网格交易策略。据说他实践该策略后，取得了非常不错的年化收益，这充分验证了网格交易逻辑的有效性和实用性。

网格交易策略比较类似于定投，逻辑本身也并不复杂。毕竟，投资要想赚钱，无非就是低买高卖。但没有人可以保证，自己买入某项资产后，肯定会上涨，或者卖出之后，立马会下跌。既然对一次买卖难以把握，我们可以把买卖分成多次操作，自己设定一个阶梯价位，然后按照对应跌幅的价位不断买入并按照对应涨幅的价位，不断卖出。我们需要保证每一次的卖出价位高于买入价位，并严格执行。这样，每笔交易都实现了"低买高卖"。

网格交易策略，简单来说，就是在波动的价格中撒下一张渔网，利用市场波动，在设定的网格区间内重复性地低买高卖（见图10-5）。因此，网格交易策略的重点，其实并不在于交易本身，而在于严格遵守纪律。

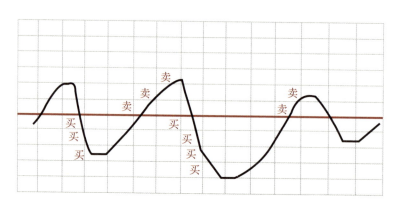

图10-5　网格交易策略

在执行网格交易策略时，我们首先要对投资标的设定一个价格中枢位。比如，图10-6中沪深300指数的中枢位，我们假定设为3800点。然后，我们需要再设定一个买入和卖出的上下阶梯价格，或者涨跌幅度。比如，在中枢线下方，沪深 300 指数每跌 30 个点，或者每跌 1% 的幅度，就买入目标投入资金的 20%。在中枢线上方，沪深 300 指数每涨 30 个点，或者每涨 1% 的幅度，就卖出目标投入金额的 20%。简单来说，网格交易策略的操作原则就是，当投资标的价格跌破中枢线时，越跌越买，不考虑止损；当投资标的价格涨过中枢线时，越涨越卖，坚决止盈。

图 10-6　网格交易实践示意图

资料来源：Wind.

中枢线的位置、上下涨跌的阶梯价位标准，以及每次买入和卖出的仓位比例，都可以自己设置，没有一定之规。当投资标的价格跌破中枢线的时候，也可以先一把买入一半仓位，然后留下另一半仓位执行网格交易策略，这都没有问题。毕竟，策略都是人为制定出来的，唯一的区别就在于能否坚决执行下去。

通过对网格交易规则的解释，可以看出，网格交易策略最大的优势就在于操作简单，不用预测市场走势，也不用分析基本面。它类似于"傻瓜式"的定投，只不过比单纯的定投更为复杂，因为加了不断卖出的操作。

那么，网格交易策略真的万能有效，在任何时候都能帮助我们实现低买高卖吗？

显然不是！网格交易策略也有它最适用的场景，那就是当投资标的处于明显上有顶、下有底，出现震荡走势的行情时。在这种情况下，网格交易策略会发挥出它的最大优势。无论先涨还是先跌，我们都可以在震荡的行情中，利用客观的低买高卖机会实现盈利。通常，震荡越剧烈，收益往往就会越显著。

不过，投资市场毕竟不只有震荡走势，任何策略也都是有利有弊的。网格交易策略的最大短板就是害怕出现单边行情。如果投资标的开启了头也不回的单边大涨行情，那么，网格交易策略很可能会把你之前积累的筹码早早卖光，从而错过后续的一大波涨幅。反之，如果投资标的一路单边下跌，完全没给你卖出的操作余地，一方面，会对多数人造成极大的心理考验，另一方面，由于网格交易策略不比定投策略那样有较长的投资期数，因此在单边下跌时，肯定也会在前期相对高位浪费大量"子弹"，导致总成本过高。

因此，综合来看，网格交易策略有点类似频繁的再平衡操作，适合波动的行情，或者处于震荡走势的投资标的。而大牛市疯狂上涨期的尾声，或者行情主升浪的起始阶段，其实都不适合网格交易策略。所以，是否采用网格交易，也需要投资者提前对投资标的以及市场行情有基础的判断。

投资市场永远不存在一劳永逸的完美投资策略。享受每个策略的优点，就必然要接纳它的缺陷。而且，最后能否发挥出策略的最大价值，很大程度上取决于你是否能坚定不移地把它执行到底。策略再好，但你总受情绪扰动，别人说啥就信啥，看到下跌就慌张。那么一切策略，也就白搭了。

右侧趋势追踪策略

了解了左侧交易以及定投策略的正确打开方式后，我们再来了解下右侧交易。

右侧交易，主要指的就是趋势追踪策略，属于技术分析范畴。它的核心理念就在于假定市场中的资产价格变动具有趋势性，过去上涨的资产，可能依赖惯性继续上涨（见图10-7）。

所以，右侧交易的核心原则就四个大字：顺势而为！这种策略的目的在于寻找关键指标，及时发现行情启动位置，抓住行情的起爆点。在操作上，不预设目标收益，不考虑止盈位，就让利润彻底跟随趋势奔跑。一旦发现趋势逆转的信号，就必须设置止损标准，果断斩仓离场。因此，和左侧交易"止盈不止损"的原则刚好相反，右侧交易的原则就是"止损不止盈"！

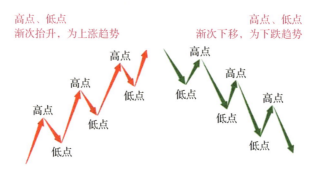

图 10-7　市场趋势演绎

在操作上，右侧交易比左侧交易简单得多。因为它不需要投资者分析投资标的的基本面，只需要按照事先设置好的买卖规则条件，看着K线图，机械地执行就好。尽管操作看似简单，执行起来，其实挑战是极大的，因为右侧交易非常"反人性"，而且还必须要求你逆人性操作，严守纪律。

如果说左侧交易是基于基本面分析，追求胜率，那么右侧交易就是不考虑基本面，自然胜率不会太高，所以它追求的是赔率，即通过改变盈亏比，用无数次小亏，换一次大赚。也就是说，如果你使用这套交易系统去进行投资，有可能在10次交易中，只有3次是正确的，另外7次都以失败告终。但在3次正确的交易中，我们可以把收益提升到足够高，而在7次失败的交易中，则要及时止损，把损失降到最低。总体来看，通过这种方式获得的收益完全可以覆盖亏损，甚至还有盈余，这样才能实现赚钱的目的。

但人毕竟不是机器，在连续出现几次错误，产生亏损后，多数投资者可能就会对这套交易策略产生怀疑，最终放弃执行，赔钱离场。所以，对于右侧交易，其实最重要的并非交易本身，而是遵守纪律。右侧交易的意义在于应对，而不是预测，在于跟随，而不是提前行动，这才是右侧交易的精髓。

右侧趋势追踪策略，主要是基于技术分析，对于买入信号，我们通常会采用两种观察方法。

方法1：均线策略。

我们最常用的一套均线系统就是顾比均线，它是由交易大师戴若·顾比发明的。顾比均线由短期和长期均线组构成，短期均线组包括：3日、5日、8日、10日、12日和15日均线。长期均线组包括：30日、35日、40日、45日、50日和60日均线（见图10-8）。通过运用这两组均线，我们可以发现市场的大趋势。

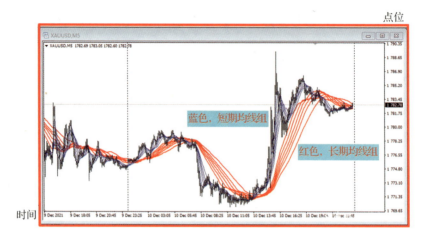

图 10-8 顾比均线示意图

资料来源：Wind.

根据均线的基础理论知识，我们知道，均线天数越短，对价格的反映就越灵敏，变化幅度也就越大。相反，均线天数越长，往往变化幅度越小，表现越稳定。所以，短期均线组通常会更贴近 K 线走势，长期均线组则相对离 K 线更远一些。

因此，在价格明显上升的趋势中，通常是短期均线组在长期均线组上方。在价格明显下跌的趋势中，则是长期均线组更靠上，短期均线组更靠下。在市场震荡期，长短期均线组可能会出现黏合的现象。

在根据顾比均线进行买入或止损的时候，我们的习惯做法就是以日 K 线长期均线组为准。也就是说，当价格向上突破长期均线组时，就加仓；当价格跌破长期均线组时，就止损。

这是因为，长期均线组相对于短期均线组来说，在一轮趋势的形成过程中，通常离高低点的空间更大一些，更能反映压力位或支撑位。当K线走势扭转，尤其是触碰到长期均线组后，往往更能预示接下来的趋势。当然，使用周K线图来观察均线组也是可行的。对于捕捉趋势来说，日K线要比周K线更加灵敏一些，但犯错误的概率也相对更高。

一般来说，当某投资标的长时间下跌时，K线会始终被长期均线组压制在下方，一旦转头向上，收盘价冲破了长期均线组最上面的那根线，就意味着"过河成功"。此后，价格可能会呈现上升趋势，也就是进入右侧行情，长期均线组反而会成为价格的支撑位。在这种情况下，我们可以采用右侧加仓策略，在趋势信号出现后，执行买入操作。后面每一次价格触及长期均线组而不破位的时候，其实都是右侧追击买入的时机。反之，当K线收盘价跌破了长期均线组最下面那根线时，往往意味着趋势破位，此时我们要果断止损，卖出离场（见图10-9）。

所以，趋势追踪策略不依赖于主观判断，而是根据客观信号反复执行。当然，每一次右侧交易的成功率，并没有那么高，可能也就在40%~50%。尤其当市场行情陷入短期震荡走势后，趋势追踪策略可能会连续发出错误信号，让你不断买入卖出，产生摩擦成本，甚至开始怀疑策略的有效性。比如，在 2019 年 3 至 8 月期间（见图 10-10），创业板指数就是这样的走势。但不要怕失败！只要你及时止损，右侧交易通常不会让你产生较大的摩擦成本，它的特点就是通过无数次小亏换取一次大赚。2019 年 8 月之后，创业板指数再次突破顾比均线长期均线组，这一轮上升趋势可以让我们享受到更多的收益，足以覆盖前期的摩擦成本。所以，对于趋势追踪策略，严格遵守纪律非常重要！

图 10-9　2018～2022 年创业板指数顾比均线示意图

资料来源：Wind.

方法 2：平台通道突破策略。

平台通道突破，是 K 线图中比较常见一种形态，指的就是，当股价长期围绕某一价位波动时，通常会形成一个水平的上轨和下轨，当股价突破上轨或者跌破下轨时，可能会形成上涨或下跌的趋势（见图 10-11）。那么，趋势追踪策略主要抓的就是股价突破上轨平台的时刻。

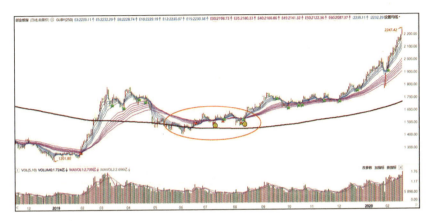

图 10-10 2019～2020 年创业板指数顾比均线示意图

资料来源：Wind.

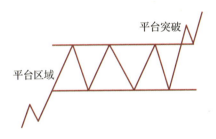

图 10-11 平台通道突破策略示意图

比如，在投资券商这类反身性比较强的行业时，我们经常会用到平台通道突破策略。我们可以先把资金分为 3～5 份，在股价突破平台，伴有放量现象出现后，买入第一份（见图 10-12）。如果后面出现新的平台突破，或者股价继续上涨 10% 后，我们就把第二份资金追击进去，以此类推。而对于止损位，我们可以在最新一次买入的价格上设置 8% 的止损位，或者保守一点，下设 5% 也可以。如果股价后续跌破这个位置，就全仓出逃。

图 10-12　平台通道突破策略实战示意图

资料来源：Wind.

我们为什么要把资金分成多份？其实还是因为右侧交易胜率没那么高，我们要分散风险，用小仓位亏损去试探行情，只追上涨的部分，通过牺牲小部分利润，换取整体的安全。一旦投资标的开始大涨，形成明确的趋势，不断追击的策略至少能让我们捕捉到至少一多半的涨幅。因此，亏的时候是小亏，赚的时候是大赚，这才是右侧交易的精髓。或者说，小亏本身就是大赚的一部分，如果不想忍耐小亏，就很容易错失大赚的机会。

真正的技术分析，其实都是"3 分靠技术，7 分靠纪律"。但很多玩技术分析的人都只想拼命地研究 K 线，预测市场行情，做到每一次买卖都正确，试图达到近乎完美的状态，这完全是本末倒置，最终也一定不会成功。

左侧交易和右侧交易的结合

通过了解左侧交易和右侧交易的逻辑，大家应该清楚它们是两套完全不同的交易策略。在实际投资中，千万不要把它们搞混了，一会采用左侧交易，一会采用右侧交易。例如，如果我们明明做了左侧逆向定投，结果价格持续下跌，我们反而越心慌，并最终采用右侧交易，止损认赔离场，卖在了价格的最底部。或者就是我们明明做了右侧趋势追踪，但当价格跌破止损线后，趋势已经不成立了，我们因为舍不得卖出而采用左侧逻辑，不断买入，等待回本。这都是完全错误的投资方式，逻辑混乱了，即便是科学的策略方案，也发挥不出它的价值。

那么，在实际投资中，我们能不能把左侧交易和右侧交易结合在一起使用呢？其实完全是可以的，但一定不是上面这种逻辑混乱的方式。而是我们要把左侧交易和右侧交易的钱区分开。这么做的主要目的，其实是平抑组合的波动性，解决仓位管理的问题。例如，我有10万元，在市场低位，打算用2万元的债券和8万元的股票去做配置。那么，在这8万元的股票仓位中，我们可以拿6万元做左侧交易，留下2万元做右侧交易。

一般来说，在建仓过程中，我们通常会基于基本面分析，把大部分仓位建立在左侧行情中。但是对于市场底部，没人能够精准预判。比如，经过分析，我们知道上证指数在3 000点就是低位了，这个位置肯定也套不住人，但它有没有可能继续跌到2 500点？甚至跌到2 000点？可能性是存在的，只是概率很小而已。然而，在2008年，这个小概率事件就发生了！假如我们从市场高位跌到一半时开启左侧定投，那么上证指数在后续从3 000点继续跌到1 600多点时，其实定投的损失也是不小的，估计得有30%左右。尤其最后一段急剧下跌，当指数跌破2 500点时，市场情绪非常悲观。尽管我们还坚信指数能回到3 000点，但最大的问题就是我们不知道它短期会跌到哪里。那么，此时如果手里握有一定的右侧仓位，其实就可以起到防范未知风险的作用！等到市场底部反转趋势信号确立后，再追击买入。例如，2009年年初当指数底部反弹至2 000点左右时，收盘价突破了顾比均线长期均线组，我们就把右侧仓位加进去，这样会帮助我们大幅摊低成本，让损失快速回到20%以内（见图10-13）。那么后面指数反弹到3 300点附近的时候，基本就已经能实现盈利了。所以，在左侧交易的基础上引入右侧交易，也有利于保持心态平稳,手里始终攥着20%多的资金,外加20%的债券仓位,心态肯定是不一样的。

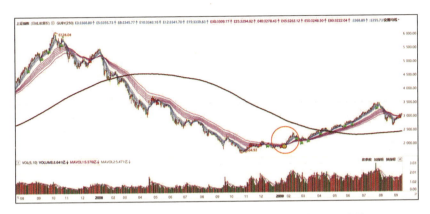

图10-13 2008~2009年上证指数走势图叠加顾比均线

资料来源:Wind.

当然,有人也会问,假如市场没有探底这么深,而是快速上涨怎么办?如果真是牛市来了,其实我们的左侧仓位,通过前期的基本面分析,基本已经投得差不多了,而右侧20%的部分,也会随着市场趋势明确,持续加仓。这对股票仓位整体影响不会太大。只是在市场震荡筑底的过程中,右侧交易这部分资金,可能会因为频繁的错误信号,消耗掉一些摩擦成本,但其实整体损耗是不大的。毕竟右侧交易的特点,就是用无数次的小错来避免大错,甚至换取一次大的正确决策。

因此,总结来说,左侧交易和右侧交易的收益特征完全不一样,把它们组合在一起应用,也必须各自独立,互不干扰。

之所以采用"左侧＋右侧"的投资方式，就是防止"黑天鹅"事件导致的市场暴跌，此时，手中始终握有的右侧仓位会减少我们犯大错误的概率，有效平抑组合波动。我们资产配置当中的仓位变化，通常也是根据右侧趋势的变化而产生的。当然，还是那句话，没有任何策略是完美的，享受它的优点，就要接纳它的缺点。如果你觉得右侧投资"反人性"，自己守不住纪律，也没必要强求，各取所需，根据自身和市场情况来选择策略就好了。

| 第十一章 |

另类策略

在本书的最后一章中，我们将介绍一些市场中的另类策略。

这些策略对于普通投资者来说，其实距离是比较遥远的，个人投资者几乎没办法实践这些专业机构使用的投资方法。不过，如果有读者平时对私募基金感兴趣，或者购买了私募基金产品，可以问问这些基金经理的投资策略。

市面上不少著名的私募基金使用的可能正是这些另类策略，而且收益率还不错。平时比较关注私募基金的朋友，通过本章起码也能知道基金经理人大致在做什么，以及他们采用的投资方法。不关注私募基金的朋友，可以将这一章当作开拓视野的内容。

CTA 策略

众所周知，2021 年和 2022 年是 A 股市场比较惨淡的两年，不少宽基指数跌幅都在 20% 以上，包括一些所谓的明星基金经理也在这两年当中"受伤惨重"，旗下基金产品跌幅甚至更大。但与此同时，有一类私募基金产品却悄然成为 2021 至 2022 年业绩非常亮眼的投资标的，这就是 CTA 基金（见图 11-1）。

图 11-1　私募基金不同策略净值走势

资料来源：私募排排网，海通证券研究所，数据截至 2022 年 12 月 31 日。

CTA 的英文全称为 Commodity Trading Advisor，翻译成中文，就是商品交易顾问。CTA 策略是由专业管理人运用客户委托资金，通过期货（以及期权）价格的上涨或下跌来获利的一种投资策略，因此也被称为管理期货策略。CTA 基金，顾名思义，就是采用 CTA 策略来获取收益的基金，这类基金基本都属于私募基金领域。

CTA策略的主战场是期货市场。在期货市场上，可投资的标的是非常广泛的，包括商品期货、股指期货、外汇期货、利率期货等。由于国内市场CTA策略发展相对较晚，目前的交易标的主要还是围绕商品期货和股指期货，具体包括国内四大期货交易所上市的品种（见图11-2）。

交易所	品种
上海期货交易所	铜、铝、锌、铅、镍、锡、螺纹钢、热卷、线材、黄金、白银、橡胶、燃料油、沥青、纸浆
大连商品交易所	玉米、玉米淀粉、黄大豆1号、黄大豆2号、豆粕、豆油、棕榈油、鸡蛋、纤维板、胶合板、线型低密度聚乙烯、聚氯乙烯、聚丙烯、焦炭、焦煤、铁矿石
郑州商品交易所	白糖、棉花、强麦、普麦、棉纱、苹果、菜籽油、油菜籽、玻璃、甲醇、动力煤、硅铁、锰硅、PTA（精对苯二甲酸）
中国金融交易所	沪深300、上证50、中证500、2年国债、5年国债、10年国债

图11-2 国内四大期货交易所上市品种

CTA策略主要投资于期货市场，而期货市场相对于股票市场有很多独特之处。**这使得CTA基金具有很多股票型基金不具备的投资特点。**

特点1：双向交易，既能做多，也能做空。

目前国内的股票市场，严格意义上是不能做空的，只能单向做多。虽然融券可以实现股票做空，但其实条件非常严苛，甚至很多时候面临无券可融的情况。而期货市场不同，期货市场是可以双向交易的，不仅能做多，还能做空，这就使得CTA基金在操作策略上有了更多的选择，即便在市场下跌的环境中，也可能产生正向收益。一般来说，CTA基金的波动率和回撤控制也要优于股票型基金。市面上多数股票型基金都是以追求相对收益为目标的，也就是跟市场基准进行比较，而CTA基金则多以追求绝对收益为目标。

特点2：期货市场T+0制度，策略选择更加灵活。

众所周知，相比于国外成熟市场T+0的交易制度，目前A股市场实行的是T+1制度，也就是说，当天买入的股票，下一个交易日才能卖出。这么做的目的，主要也是抑制市场中散户的过度投机行为，不过对于一些专业机构投资者来说，这其实也限制了他们交易的灵活性。期货市场没有这条限制，实行的是T+0交易制度。因此，以机构为主的专业投资者，在期货市场上就有了更多的投资策略选择，这使得基金经理能够在市场形势发生转变时，快速调整持有头寸，以控制产品的回撤。

特点3：与传统资产相关性较低，可以获得多元回报，降低组合波动率。

作为一种主要投资于期货市场的交易策略，CTA策略与股票和债券等传统资产的相关性较低。这意味着它可以为投资者提供更多元化的回报，甚至在股票和债券市场下跌时，依旧能产生正收益，帮助投资者降低组合的整体波动率，提高风险收益比。除此之外，期货市场中的不同投资标的，甚至是商品和商品之间，本身也具备低相关性，这就使得CTA基金可以做多品种、多板块、多范围的多元配置，从而分散组合风险。

根据交易方式和投资逻辑的不同，目前**市场上的CTA产品，可以分为主观CTA和量化CTA两大类**。

产品类型1：主观CTA产品。

主观CTA产品主要依赖管理人的长期实盘经验以及对宏观市场、投资标的基本面的分析和研究，管理人通过主动做多或做空获得收益。主观CTA产品的管理人往往在交易品种上比较聚焦，会针对某一条产业链上的标的进行深度研究，比如黑色系商品、农产品等，部分管理人甚至会成立现货交易公司，以掌握产业链上最真实、快速的价格变动。

产品类型2：量化CTA产品。

与股票量化策略相类似，量化CTA产品是主要依赖管理人建立的程序化交易策略模型。管理人通过模型对期货合约的历史交易数据进行分析，找出统计学上的规律，从而形成一套完整的量化交易策略，最终基于模型给出的多空信号，自动执行程序化交易。量化CTA产品的优势，主要来源于管理人的数据分析能力、模型的更新迭代能力以及交易系统的快速响应。相较于主观CTA产品，量化CTA产品由计算机负责决策，不受情绪因素影响，胜在程序的绝对理性和风格的一致性。

如果按照管理人盈利逻辑的不同，CTA策略又可以分为趋势追踪策略和套利策略两大类。其中，趋势追踪策略是目前市面上最为主流的CTA策略，也是CTA策略的主要盈利来源。

（1）趋势追踪策略：这套策略我们在上一章中提过，简单来说就是跟随市场变动的趋势，上涨时做多，下跌时做空。言外之意就是，只有当市场展现出明显的上涨或下跌趋势时，趋势追踪策略才会有比较好的表现，而在市场趋势逆转或者横盘震荡的行情下，趋势追踪策略往往表现较差（见图11-3）。

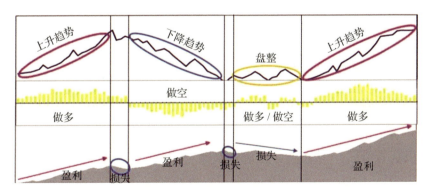

图11-3　趋势追踪策略示意图

（2）套利策略：套利策略相对就比较复杂了，原理是捕捉市场中偏离正常范围的价格，买进或卖出相应资产，等待价格回归正常均值，从而获取收益。套利策略主要包括跨品种套利、跨期套利和跨市场套利等类型。

如果根据策略持仓周期的不同，CTA策略还可以划分为日内高频策略、中短周期策略和长周期策略。套利策略主要利用市场错误定价的机会进行交易，而这类机会的市场容量往往不大，并且随着套利者的进入，套利机会很快就会消失。所以，套利策略大多属于中短周期策略。

趋势追踪策略的持仓周期涵盖了从日内到一周乃至数周的完整策略线。日内高频策略和短周期策略主要依赖量价数据，通过捕捉持续时间相对较短的上涨或下跌趋势来获利，因此这类策略的持仓周期往往较短。而中长周期的趋势追踪策略更依赖于基本面和宏观数据，主要通过自上而下的研究来寻找市场上确定性高、持续时间较长的趋势。

总体来看，不同交易频率的策略往往会体现出不同的风险收益特征。长周期CTA策略的波动率和回撤一般比中短周期策略大。

CTA策略产品通常会由专业的商品交易团队管理，在使用技术分析或量化模型获取期货市场回报的同时，**CTA策略**

产品的配置价值主要体现在以下几点。

优势1：CTA策略与其他传统策略相关性极低。

根据Altegris的统计数据，在1987年至2022年的35年间，使用趋势追踪策略的CTA产品与混合型产品、欧美市场股票、欧美市场债券等主流大类资产的收益相关性趋近于零，与之相关性最强的大类资产为美国国债，但相关性仅为0.2。也就是说，作为一种主要投向期货品种的策略，CTA策略与投向股票、债券等资产的策略仅存在弱相关性。这就意味着把CTA策略产品加入传统资产配置组合可以为投资者提供更多元化的回报。尤其在通胀水平大幅提升，股债资产面临双杀的环境下，提高CTA策略产品的仓位，可以为整体资产组合提供良好的通胀保护，并降低组合的波动性。

优势2：CTA策略具有"危机Alpha"属性。

由于CTA策略与传统大类资产相关性较低，且具备多空双向交易的能力，包括具有T+0交易的制度优势。因此，CTA策略在过去几年股票市场大跌期间，均展现出了较强的危机Alpha（阿尔法）属性。

以A股市场为例，在2015年股市震荡、2018年熊市、2021年春节后核心资产集体调整，以及2022年上半年股债双杀等环境下，CTA策略的表现都显著强于股票、债券等传统资产，特别是股票市场出现重大危机时，CTA策略反而能获取较好的收益（见图11-4）。

图 11-4　CTA 策略的危机 Alpha 属性

数据来源：朝阳永续。

美股市场也是如此。在2008年和2020年初，美国标普500指数分别下跌50.9%和19.6%，CTA策略反而分别获得了62.1%和2.3%的正收益。

优势3：CTA策略具有潜在的高回报。

由于期货合约交易采用保证金制度，投资者只需缴纳一定比例的保证金，就能够以较小的资金量完成较大金额的交易。因此，CTA策略具有相对较高的潜在回报率。根据海外成熟市场的数据统计，CTA策略自2000年以来的年化收益率约为8.72%，为全球对冲基金各主要策略中收益最高的策略。

投资市场中没有任何一种策略是完美无缺的。**虽然 CTA 策略具有几大明显优势，但同样也存在劣势。**

劣势 1：商品行情震荡期，CTA 策略业绩表现不佳。

目前，趋势追踪策略仍然是 CTA 产品的核心交易策略，这也意味着在市场窄幅震荡、没有趋势性行情出现的时候，很多 CTA 基金的业绩表现并不会太好，而且这样的时间也许会比较长。从 2022 年下半年开始，在很长一段时间内，商品市场趋势信号并不显著。因此，很多以趋势追踪策略为主的 CTA 产品业绩表现欠佳。除此之外，不同的管理人往往对价格趋势的敏感度不尽相同，在商品价格趋势发生快速反转时，如果管理人不能有效识别，及时完成多空转换，以趋势追踪策略为主的 CTA 产品净值可能也会大幅受挫。

劣势 2：期货市场面临强制平仓风险。

与传统股票和债券资产不同，期货交易采用保证金制度。当市场波动剧烈且与管理人开仓方向相反时，如果管理人无法及时缴纳足额保证金，期货公司将会强制平仓，导致该产品遭受重大损失。

劣势 3：CTA 策略底层逻辑较为复杂，投资人难以识别。

CTA 策略通常会使用专业的交易模型和技术，相对于传统股票投资策略更为复杂，这会使投资者难以理解并评估其交易策略，增加后期进行收益分析的难度。

劣势 4：CTA 策略历史业绩相对较短。

CTA 策略相比于股票和债券等传统资产，问世时间较短，许多 CTA 策略管理人及产品的历史业绩比较有限，产品与产品之间的表现也是参差不齐。虽然部分 CTA 策略产品在短期内获取了非常不错的收益，但这可能并不能代表其真实的业绩水平。

总而言之，CTA 策略能够起到优化投资组合的作用，但我们必须意识到其模型复杂程度以及策略运作时间短所带来的潜在风险。所以，投资者一定要擦亮双眼，通过评估这些优点和缺点，选择适合自己投资目标的 CTA 策略产品。如果真的看不懂，可以选择不投资。投资市场中赚钱的机会多的是，没必要把所有的钱都赚干净，守住能力圈才是最重要的。

市场中性策略

市场中性策略也是私募基金中比较常见的一套投资策略，甚至一度是国内最大的对冲策略之一。该策略指的就是，通过同时构建多头头寸和空头头寸来对冲市场风险，以期在不同市场环境下都获得稳定收益。

对冲，简单来说就是同时进行两笔行情相关、方向相反、数量相当、盈亏相抵的交易。比如，在使用市场中性策略中，多头仓位的构建基本就是用量化模型（估值因子、基本面因子、股价因子等）构建出一个通过因子优化之后的一揽子股票组合，力争跑赢锚定指数。而空头仓位主要通过做空股指期货，或者利用部分融券做空来实现。在目前的A股市场中，有四个宽基指数可以通过股指期货进行做空，分别是上证50指数、沪深300指数、中证500指数和中证1000指数。

那么，有些朋友可能就会有疑问了。既然做多的同时，又反向做空，该如何盈利呢？赚的钱岂不是被对冲掉了？其实不然，市场中性策略的获利原理是对冲掉市场的贝塔波动，留住阿尔法收益（见图11-5）。

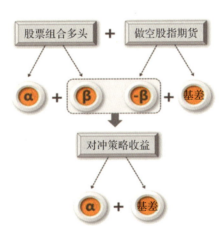

图11-5　市场中性策略获利原理

一般来说，在假定市场不完全有效的前提下，我们构筑的一揽子股票组合的收益走势通常由两部分组成，即跟随整体市场波动的贝塔收益走势和脱离市场涨跌之外的阿尔法收益走势。

举个简单的例子。假如你通过策略模型，在沪深300指数中优选了一套股票组合，沪深300指数涨了2%，而你的股票组合涨了3%。那么，这3%的收益里面，2%的部分属于跟随沪深300指数整体波动的贝塔收益，而多出来的这1%就属于阿尔法收益。当然，这个阿尔法也可能是负数，这主要取决于管理人的投资能力。市场中性策略的本质就是要对冲掉贝塔波动，只保留阿尔法收益。也就是说，即便在市场整体下跌的时候，市场中性策略也依然能够盈利。

如果你通过策略模型，在沪深300指数中优选了一套股票组合，投入100万元做多。同时，你又在股指期货市场上下了100万元的沪深300指数空头合约。假如市场行情不错，你的股票组合涨了8%，沪深300指数涨了6%。那么对冲之后，你的收益率就是2%。反之，如果市场行情不好，沪深300指数跌了8%，你的股票组合由于做了优化筛选，跌了6%，但因为你在沪深300指数上下了空单，所以空头部分会让你赚到8%。最终在市场整体下跌的环境中，你依旧可以赚到2%的收益（见图11-6）。这就是市场中性策略的盈利原理。当然，这里我们并没有考虑做空的摩擦成本，一般来说，使用对冲工具通常也要负担一定的对冲成本。

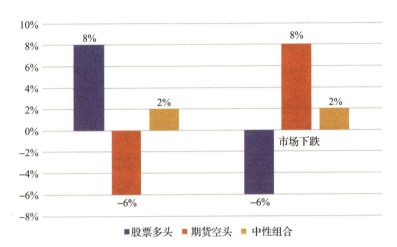

图 11-6　市场中性策略在上涨和下跌环境下的获利示意图

因此，我们可以发现，市场中性策略最终能否赚钱的核心，其实就在于构建的股票多头组合获取的超额收益能否覆盖对冲成本。如果管理人未能在股票多头上取得阿尔法超额收益，或者超额收益不足以覆盖对冲成本。那么，市场中性策略也是存在风险的。

总结来看，市场中性策略有以下两个特点。

特点 1：性价比较高，净值走势相对平稳，波动性较小。

从历史表现来看，市场中性策略走势比较平稳，净值收益曲线相对于股票多头策略更为平滑，波动性较小（见图 11-7）。

图 11-7　市场中性策略指数走势

资料来源：Wind.

在历史上的绝大多数年份中，市场中性策略几乎保持了正收益，只有个别年份出现略微亏损（见图 11-8）。从过去的表现来看，市场中性策略的长期平均年化收益率大概在 7% 左右，通常弱于股票多头策略，但它的最大回撤不到 6%，波动特征与债券策略基金类似，且收益率明显强于债券基金，所以属于偏稳健的投资策略，风险收益比还是比较高的。

特点 2：与股票走势相关性较低。

市场中性策略一般会通过做空股指期货的方式对冲市场的波动风险。因此，市场中性策略的收益情况通常与股市涨跌相关性较低，尤其在熊市当中，这套策略基本能够抗住下跌趋势，甚至依旧保持正收益。把市场中性策略纳入组合中，有助于优化组合的风险收益比，此外，其稳健的收益特征，长期来看要显著高于银行理财、债券基金等传统净值型产品，而且没有债券的信用本金违约风险。

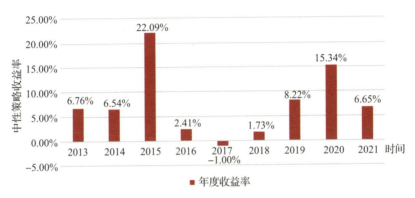

图 11-8　市场中性策略年化收益率

资料来源：Wind.

总而言之，市场中性策略的最大特点就是其稳定性，在震荡市或者熊市当中，市场中性策略可能依旧能够取得比较好的表现。不过，假如股市出现了单边牛市上涨行情，那么中性策略基本是跟不上涨幅的，因为贝塔收益被对冲掉了，这个阶段采用纯股票多头策略肯定收益更高。所以，如果选择市场中性策略，结合一定的择时操作，效果或许会更好。

宏观对冲策略

宏观对冲策略也是私募基金中常用的一套投资方法。它的历史可以追溯到20世纪20年代，经济学家凯恩斯将宏观经济理论知识应用于资产管理，从而奠定了宏观对冲基金的投资风格。

宏观对冲策略采用从上而下的分析方法，利用宏观经济的基本原理，比如市场利率、央行政策、财政政策、通货膨胀等因素，识别金融资产价格失衡和错配现象，然后在世界范围内，对股票、债券、大宗商品、外汇、货币等资产进行投资。通过多空仓结合、杠杆押注等方式，获取正收益。

国际上比较知名的宏观对冲策略代表人物就是被称为金融大鳄的乔治·索罗斯。1990年，英国刚加入欧洲汇率机制，英镑汇率与德国马克挂钩。索罗斯对英国经济形势以及英镑的高估程度进行分析后，决定看空英国经济，做空英镑，同时做多德国马克。

1992年，德国为了抑制通货膨胀持续加息，而英国政府为了履行义务、维持固定汇率，不得不跟随加息。但当时英国的经济环境显然更加脆弱，衰退风险更大。因此，英镑兑马克的汇率也开始不断下探，投资者纷纷抛售英镑，迫使英国于1992年9月16日（黑色星期三）退出欧洲汇率机制，英镑开启了自由贬值。而在此之前，索罗斯的量子基金建立了15亿美元头寸，做空英镑，获得了巨额利润（见图11-9）。

根据投资方法不同，宏观对冲策略可以分为主观性宏观策略和系统性宏观策略。

图 11-9　1992 年英镑兑马克汇率和量子基金净资产走势

资料来源：国信证券经济研究所。

主观性宏观策略指的是依据管理人的主观感受，以强大的投研能力和丰富的经验知识为基础，通过自上而下的判断方式，分析未来影响宏观市场的核心因素，然后发现资产错误定价的机会，进而在不同投资品种间加杠杆下注，以获取超额收益。主观性宏观策略的代表性人物就是量子基金的掌门人——乔治·索罗斯。

主观性宏观策略非常依赖管理人的经验判断，但其实宏观市场环境是复杂多变的。所以这套策略，最怕的就是市场出现不可预知的"黑天鹅"，导致资产演绎方向和预判完全相反。1998 年，索罗斯的量子基金和长期资本管理公司就在俄罗斯的国债危机中遭受重创，损失惨重。因此，主观性宏观策略的决策风险还是比较大的，而且市场中明显的资产错误定价机会并不常见，所以采用该策略的投资经理不会频繁出手。但在市场出现明显机会时，他们会坚定做决断，并通过加杠杆的手段来放大收益。

系统性宏观策略指的是以系统模型和数学模型为基础，通过大量的定量数据分析，找到低相关性的资产，建立量化交易模型。其目标是实现不同资产间的平衡配置，以应对各类市场环境。系统性宏观策略的代表性人物就是桥水基金的创始人——瑞·达利欧。

达利欧采用自创的全天候策略，构建适应于不同经济环境的投资组合，通过加杠杆的方式，把每种环境下可能表现优异的资产进行风险平配，不做择时，只做应对。所以，相比主动性宏观策略，系统性宏观策略的头寸相对分散，进攻性没有那么强，管理人通常也不会集中押注，而是更加注重收益的稳定性，注重投资组合的配置管理。

宏观对冲策略在投资圈中有"皇冠上的明珠"的美誉，原因就在于它具备了以下特点。

特点1：投资范围广泛。

宏观对冲策略涉及股票、债券、大宗商品、汇率等多个资产领域，投资标的具有全球性以及高流动性的特征，不局限于国内资本市场。投资者可以在世界范围内，识别各金融市场出现的价格失衡和错配现象，更全面地捕捉市场的超额收益机会。

特点 2：交易灵活，可采用多空策略。

宏观对冲策略的投资方式相对灵活，可以采用多空头寸结合的方式，即便在股市低迷、信贷收缩的时期，也可以有效利用多种投资工具获取绝对收益。

特点 3：可运用杠杆交易，放大收益成果。

全球宏观对冲基金一般会通过借贷进行高杠杆投资，由于其持有的多数头寸未进行套期保值，因此杠杆率普遍高于股票类对冲基金。

特点 4：收益走势低贝塔特征。

全球宏观对冲基金具有跨市场投资的特性，投资工具种类繁多，策略灵活，其收益更多源于阿尔法部分。所以，原则上来说，宏观对冲策略与股票的相关性并没有那么高，整体受到股票市场贝塔的扰动较小。不过，从国内情况来看，宏观对冲策略和股票多头策略的相关系数还是比较高的，主要原因就是国内市场目前还没有海外市场那么成熟，投资策略在交易品种和交易方式上均有限制。国内大多数的宏观对冲策略基金还是布局在股票和大宗商品上。

综合来看，宏观对冲策略对管理人的要求还是非常高的，尤其是主动性宏观对冲策略的投研团队，要十分清楚市场中各类资产的表现逻辑，并且要对宏观政策、经济环境、产业周期有清晰的预判，这样才能将宏观对冲策略发挥出更理想的效果。

因此，尽管都叫宏观对冲策略，但由于管理人及团队之间的能力水平参差不齐，并且对于宏观环境的判断分析也可能存在众多分歧，再加上不同机构可能拥有不同的投资理念，运用不同的投资决策，故而宏观对冲策略基金之间的业绩表现可谓良莠不齐。如果投资者想要配置宏观对冲策略的私募基金，还要提前多下功夫，多听路演，了解清楚管理人的投资逻辑后，再做购买决定也不迟。

目前，正是因为国内市场相对海外市场不够成熟，有效性没那么高，所以在国内做宏观对冲的获利空间，其实要比海外成熟市场更大。而且国内宏观对冲策略的规模还比较小，相对来说，策略并不拥挤，策略的有效性基本能够得到保障。相信随着交易品种和交易制度的不断完善，宏观对冲策略也会不断发展壮大，不排除未来成为高净值客户必配策略的可能。